教育部人文社会科学研究规划基金项目（19YJA630103)

中央高校基本科研业务费专项资金资助项目（2017089036）

湖北省区域创新能力监测与分析软科学研究基地
开放基金项目（HBQY2019Z03）

长江经济带研究丛书·高质量发展系列

长江经济带高质量绿色创新的效率变革

易明 等编著

中国社会科学出版社

图书在版编目（CIP）数据

长江经济带高质量绿色创新的效率变革/易明等编著.—北京：中国社会科学出版社，2019.12
 ISBN 978-7-5203-4742-6

Ⅰ.①长… Ⅱ.①易… Ⅲ.①长江经济带—绿色经济—经济发展—研究—中国 Ⅳ.①F127.5

中国版本图书馆 CIP 数据核字（2019）第 149241 号

出 版 人	赵剑英
责任编辑	车文娇
责任校对	周晓东
责任印制	王　超

出　　版	中国社会科学出版社
社　　址	北京鼓楼西大街甲 158 号
邮　　编	100720
网　　址	http://www.csspw.cn
发 行 部	010-84083685
门 市 部	010-84029450
经　　销	新华书店及其他书店
印　　刷	北京明恒达印务有限公司
装　　订	廊坊市广阳区广增装订厂
版　　次	2019 年 12 月第 1 版
印　　次	2019 年 12 月第 1 次印刷

开　　本	710×1000　1/16
印　　张	11.5
插　　页	2
字　　数	181 千字
定　　价	56.00 元

凡购买中国社会科学出版社图书，如有质量问题请与本社营销中心联系调换
电话：010-84083683
版权所有　侵权必究

总　　序

　　世界文明往往始于大河，中华文明亦是如此。长江流域为中华民族的繁衍崛起提供了丰富的物质基础和优越的自然条件，成为中国重要的战略区域。长江经济带不仅是我国的经济重心，更是集文化、生态、区位资源优势于一体的核心枢纽地带。长江流域和长江经济带的地位和作用不言而喻。改革开放四十年来，长江流域社会经济发展取得举世瞩目的成就。但同时，也面临严峻的生态环境形势。处理好生态环境与经济发展之间关系是长江经济带沿线各省市的共同目标和夙愿。实施长江经济带战略，依托黄金水道、实现长江流域绿色高质量发展是我们当前的重要任务。

　　党的十八大以来，中央高度重视长江流域和长江经济带的发展。2016年9月，《长江经济带发展规划纲要》出台，确定了长江经济带"一轴、两翼、三极、多点"的发展新格局。2018年4月26日，中共中央总书记、国家主席、中央军委主席习近平同志在武汉主持召开深入推动长江经济带发展座谈会并发表了重要讲话。习近平同志强调，必须从中华民族长远利益考虑，把修复长江生态环境摆在压倒性位置，共抓大保护、不搞大开发，努力把长江经济带建设成为生态更优美、交通更顺畅、经济更协调、市场更统一、机制更科学的黄金经济带，探索出一条生态优先、绿色发展新路子。习近平同志指出，推动长江经济带发展是党中央作出的重大决策，是关系国家发展全局的重大战略。新形势下推动长江经济带发展，关键是要正确把握整体推进和重点突破、生态环境保护和经济发展、总体谋划和久久为功、破除旧动能和培育新动能、自我发展和协同发展的五大关系。坚持共抓大保护、不搞大开发，加强改革创新、战略统筹、规划引导，以长江经济带发展推动经济高质量发展。目前，我国经济已由高速增长阶段转向高质量发展阶段，长江经济带的发展面临着更复杂的环境和更多元的目标，不仅要实现转型发展，更要实现高质量发展。习近平总书记指出实施长江经济带发展战略要加大力度。习近平总书记的讲话精神不仅为长江经济带高质量发展指明了方向，也为长江流域及长江经济带高质量发展研究提供了重要指南。

二十世纪八十年代中期以来，团队核心成员即开始关注长江流域资源环境发展问题，偶有所获。二十世纪九十年代中后期，在国家自然科学基金项目"2 千年来湖北人口、资源环境与发展空间变迁规律研究"和国家社会科学基金项目"长江流域经济发展与上中下游比较研究"的支持下，围绕人口、资源环境发展系统协调机理及长江流域经济发展区域差异规律进行了研究，提出并围绕长江经济带问题进行了初步探讨。进入二十一世纪以来，我们的关注点相对聚焦在区域发展质量、区域生态安全、新型城镇化、创新发展、投资环境与产业发展等方面。特别是在 2013 年度国家社会科学基金项目"长江中游城市发展质量测度及提升路径研究"、2014 年度国家社会科学基金项目"长江经济带新型城镇化质量测度与模式研究"、2016 年度国家社会科学基金项目"长江经济带节点城市的要素集聚功能研究"和"地学长江计划"核心项目群项目"资源环境约束下长江经济带绿色发展质量与产业布局优化研究"、2019 年教育部人文社会科学研究规划基金项目"长江经济带制造业绿色创新效率的时空分异特征与提升路径研究"等项目支持下，我们围绕长江经济带高质量发展、生态文明与绿色发展、城市发展与新型城镇化等问题进行了较深入的研究，取得了一些成果。为更好地总结这些研究工作，服务长江经济带战略，我们有计划地归纳提炼这些成果以长江经济带研究丛书的形式结集出版。根据研究内容分别形成高质量发展系列、创新发展系列、生态文明建设与绿色发展系列、产业发展系列、城市与区域空间结构与效应系列以及发展报告与皮书系列。

绿色发展与创新驱动的有机结合是提高长江经济带经济发展质量和效益的关键所在。《长江经济带高质量绿色创新的效率变革》一书是易明博士所带领的研究团队近年来关于长江经济带相关研究成果的系统集成，旨在从效率视角系统探讨推进长江经济带高质量绿色创新的实现路径，为打造长江经济带质量型增长、内涵式发展新格局提供有益的理论和决策参考。

邓宏兵
2019 年 11 月

前　言

　　长江经济带是横跨中国东部、中部、西部的巨型经济带，是具有全球影响力的内河经济带。党的十九大报告明确指出要"以共抓大保护、不搞大开发为导向推动长江经济带发展"，这是长江经济带发展战略的重大创新。《长江经济带发展规划纲要》提出，要把长江经济带建设成为我国生态文明建设先行示范带、创新驱动引领带，大力构建绿色生态走廊和现代产业走廊。建设长江经济带既要坚持生态优先、绿色发展的战略地位，又要实现创新驱动产业转型升级，高质量的绿色创新理应成为重要的"催化剂"。绿色创新是以绿色发展为重要目标任务的创新驱动发展，是以创新驱动发展为重要手段的绿色发展，是绿色发展与创新驱动的深度融合。高质量的绿色创新不仅能够在一定程度上减少或避免生态环境破坏，还能促进创新资源综合集成，有利于完善长江经济带的区域创新体系和绿色发展体系，有利于提高长江经济带的区域核心竞争力，而绿色创新要素的投入产出效率则是影响上述"催化效应"的关键。

　　效率变革是新时代加快长江经济带建设进程、提高长江经济带经济发展质量的主线。而高质量绿色创新的效率变革大致可以划分为生态效率变革、创新效率变革、绿色全要素生产率变革、区域绿色创新效率变革和产业（企业）绿色创新效率变革。其中，在科技创新越来越有赖于金融支撑的现实背景下，科技金融结合效率变革已经成为创新效率变革的重要组成部分，而区域绿色创新效率变革又可以划分为省域和城市两个区域层次。按照以上逻辑架构，课题组前期组织撰写了相关的学术论文，其中部分文章已经被《管理世界》、《宏观经济研究》、《城市问题》、《人民日报》（理论版）、《中国社会科学报》等报刊或学术会议录用、发表或宣讲，本书则是相关研究成果的系统集成。

全书共分为十章,由易明负责统筹安排,相关执笔人员分工如下:第一章,徐烁然、易明、王朝、高复阳;第二章,袁泉、张莲、李奇明;第三章,徐烁然、王腾、汪再奇;第四章,徐烁然、杨丽莎、付丽娜;第五章,罗颖、罗传建、彭甲超;第六章,易明、李纲、彭甲超、陈文磊;第七章,杨树旺、吴婷、李梓博;第八章,易明、程晓曼;第九章,彭甲超、许荣荣、付丽娜、易明、许耀东;第十章,课题组全体成员。此外,书后附上了相关参考文献,如有遗漏,敬请谅解,当然最终文责由各章执笔人负责。

目　　录

第一章　效率变革是推动长江经济带高质量绿色创新的关键 ……… 1
　一　长江经济带是中国横跨东西的巨型经济带和
　　　创新驱动的重要策源地 ………………………………… 1
　二　坚持生态优先、推动绿色发展是长江经济带
　　　发展战略的重大创新 …………………………………… 4
　三　绿色发展与创新驱动有机结合是提高经济
　　　发展质量和效益的关键 ………………………………… 5
　四　实现高质量绿色创新是深入推进长江经济带可持续
　　　发展的现实路径 ………………………………………… 7
　五　提升长江经济带发展质量和效益的关键是推动效率
　　　变革与动力变革 ………………………………………… 8

第二章　长江经济带建设进程的时空分异特征及影响因素 ……… 10
　一　研究背景 ………………………………………………… 10
　二　研究模型的设计 ………………………………………… 11
　三　长江经济带建设进程评价的实证结果分析…………… 16
　四　影响因素的识别与实证分析 …………………………… 20
　五　基本结论 ………………………………………………… 24

第三章　长江经济带生态效率的时空分异特征及影响因素 ……… 25
　一　研究背景 ………………………………………………… 25
　二　研究模型的设计 ………………………………………… 27
　三　长江经济带生态效率评价的实证结果分析…………… 30

四 影响因素的识别与实证分析 ………………………… 35
五 基本结论 ……………………………………………… 40

第四章 长江经济带科技金融结合效率的时空分异特征及影响因素 …………………………………………… 42

一 研究背景 ……………………………………………… 43
二 研究模型的设计 ……………………………………… 44
三 长江经济带科技金融结合效率评价的实证结果分析 …… 47
四 影响因素的识别与实证分析 ………………………… 53
五 基本结论 ……………………………………………… 56

第五章 长江经济带创新效率的时空分异特征及演变趋势 …… 58

一 研究背景 ……………………………………………… 58
二 研究模型的设计 ……………………………………… 61
三 长江经济带创新效率评价的实证结果分析 ………… 67
四 基本结论 ……………………………………………… 76

第六章 长江经济带绿色全要素生产率的时空分异特征及影响因素 …………………………………………………… 77

一 研究背景 ……………………………………………… 78
二 研究模型的设计 ……………………………………… 79
三 长江经济带绿色全要素生产率评价的实证结果分析 …… 81
四 影响因素的识别与实证分析 ………………………… 84
五 基本结论 ……………………………………………… 91

第七章 长江经济带省域绿色创新效率的时空分异特征及影响因素 …………………………………………………… 93

一 研究背景 ……………………………………………… 94
二 研究模型的设计 ……………………………………… 95
三 长江经济带省域绿色创新效率评价的实证结果分析 …… 98
四 影响因素的识别与实证分析 ………………………… 102

五　基本结论 …………………………………………………… 107

第八章　长江经济带城市绿色创新效率的时空分异特征及影响因素 ………………………………………………… 108

　　一　研究背景 …………………………………………………… 108
　　二　研究模型的设计 …………………………………………… 110
　　三　长江经济带城市绿色创新效率评价的实证结果分析 …… 113
　　四　影响因素的识别与实证分析 ……………………………… 117
　　五　基本结论 …………………………………………………… 121

第九章　长江经济带工业企业绿色创新效率的时空分异特征及影响因素 ………………………………………………… 123

　　一　研究背景 …………………………………………………… 124
　　二　研究模型的设计 …………………………………………… 125
　　三　长江经济带工业企业绿色创新效率测算的
　　　　实证结果分析 ……………………………………………… 131
　　四　影响因素的实证结果分析 ………………………………… 135
　　五　基本结论 …………………………………………………… 143

第十章　长江经济带高质量绿色创新的效率变革路径及政策建议 ……………………………………………………… 144

　　一　坚持系统谋划，完善顶层设计 …………………………… 144
　　二　坚持绿色发展，提高生态效率 …………………………… 147
　　三　坚持开放协同，提高绿色全要素生产率 ………………… 148
　　四　坚持创新引领，提高科技金融结合效率 ………………… 148
　　五　坚持统筹协调，提高流域绿色创新效率 ………………… 149
　　六　坚持转型升级，提高城市绿色创新效率 ………………… 150
　　七　坚持高端跃迁，提高产业绿色创新效率 ………………… 151

参考文献 ……………………………………………………………… 153

第一章　效率变革是推动长江经济带高质量绿色创新的关键*

一　长江经济带是中国横跨东西的巨型经济带和创新驱动的重要策源地

长江经济带横贯中国东部、中部、西部三大区域，连接东部沿海和广袤内陆，覆盖11个省市，拥有长江黄金水道，是全球重要的内河经济带。长江经济带经济增速高于全国平均水平，经济辐射带动作用强，创新要素资源富集，是中国综合实力最强、战略支撑作用最大的区域之一，同时也是中国创新驱动的重要策源地。

一方面，长江经济带是中国乃至全球重要的巨型经济带。在经济总量方面，2016年，长江经济带以21.3%的国土面积和42.8%的常住人口，实现了45.5%的地方生产总值，经济总量占全国的一半左右；在增长速度方面，2006—2016年，长江经济带经济增速平均为14.2%，同期全国经济增速为13.5%；在对外开放方面，2016年，长江经济带进出口贸易总额为103491.4亿元，占全国的42.5%，实际利用外资金额为52470.2亿元，占全国的47.1%（见图1-1和表1-1）；长江经济带工业基础雄厚，拥有钢铁、机电、汽车、先进装备制造、电子信息、有色金属等一批国家级生产制造基地和成长型产业集群；长江经济带城市密集，长三角城市群、长江中游城市群、成

---

* 本章部分内容刊载于王朝、易明、汪再奇《以创新驱动推进绿色发展》，《中国社会科学报》2018年11月17日。

2 长江经济带高质量绿色创新的效率变革

渝城市群是中国重要的经济增长极。

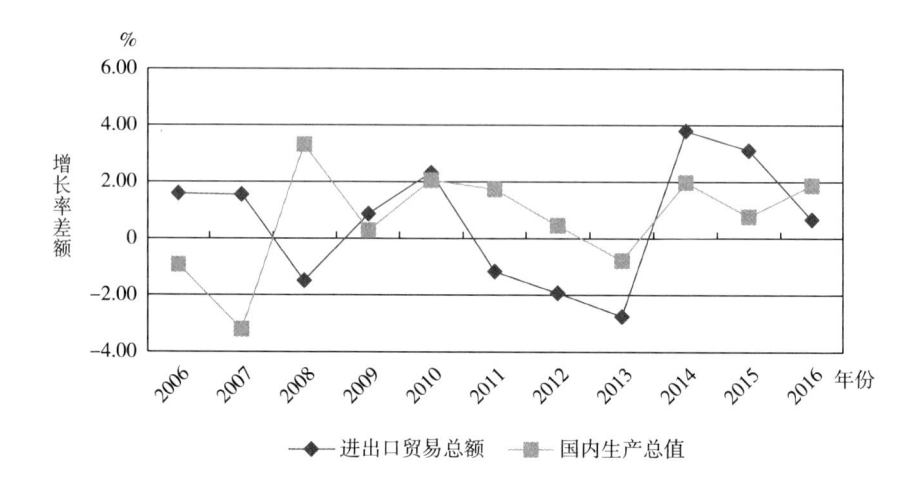

图 1-1 2006—2016 年长江经济带社会经济增速与全国的对比

注：本图采用 2006—2016 年长江经济带社会经济发展速度与全国平均速度之差计算得到。

资料来源：中华人民共和国国家统计局。

表 1-1 2016 年长江经济带部分经济社会发展指标占全国比重

	常住人口（万人）	地区生产总值（亿元）	货物进出口贸易总额（亿元）	实际利用外资金额（亿元）
长江经济带	59140	337181.9	103491.4	52470.2
全国	138271	741140.4	243386.5	111438.4
占全国比重（%）	42.8	45.5	42.5	47.1

资料来源：中华人民共和国国家统计局：《中国统计年鉴（2017）》，中国统计出版社 2017 年版。

另一方面，长江经济带是中国创新驱动的重要策源地。截至 2016 年年底，长江经济带 11 个省市共有高校院所和科研机构 1115 个，占全国的 42.9%；拥有两院院士 1430 人，占全国的 61.1%，共有科技人员 1330034 人，占全国的 49.2%，拥有在校大学生 11477047 人，占全国的 42.6%（见图 1-2）；拥有国家级重点实验室 104 个，国家级工程技术研究中心149个,分别占全国的40.8%和43.1%;上海张江、武汉东湖、安徽合芜蚌三大国家自主创新示范区汇聚长江经济带,是中国科技体制机制改革和创新驱动发展战略实施的重要载体与先行先试试验区;长江经济带科技创新投入成效显著,2016年,11个省市有效发明专利数为333098件,新产品销售收入达到93047.2亿元,高新技术企业营业收入达到129061.9亿元,分别占全国的比重为43.3%、53.3%、49.4%,涌现出一批高新技术企业和具有国际影响力的重大创新成果(见表1-2)。

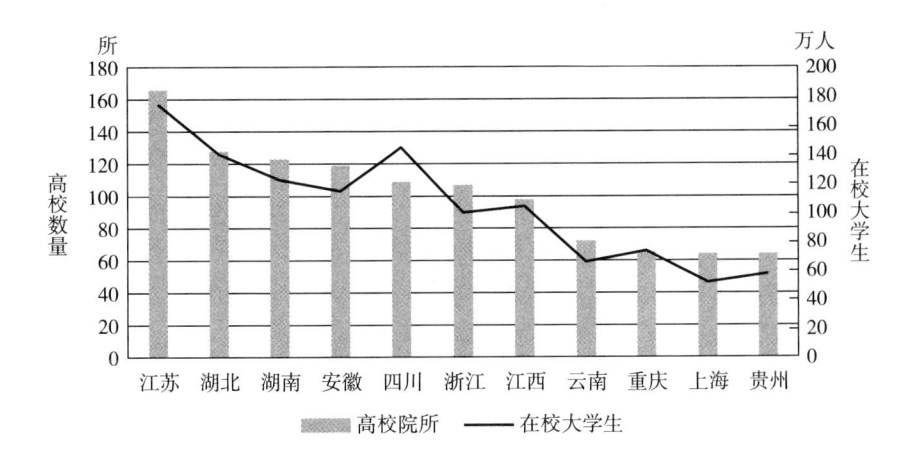

图1-2　2016年长江经济带各省市高校与在校学生数量

资料来源:中华人民共和国国家统计局:《中国统计年鉴(2017)》,中国统计出版社2017年版。

表1-2　　　2016年长江经济带部分科技发展指标占全国比重

	科技人员数量（人）	有效发明专利数（件）	新产品销售收入（亿元）	高新技术企业营业收入（亿元）
长江经济带	1330034	333098	93047.2	129061.9
全国	2702489	769847	174604.2	261093.9
占全国比重（%）	49.2	43.3	53.3	49.4

资料来源:中华人民共和国国家统计局:《中国统计年鉴(2017)》,中国统计出版社2017年版。

二 坚持生态优先、推动绿色发展是长江经济带发展战略的重大创新

绿色发展是以人与自然和谐为核心，以可持续发展为目的，以实现生态环境保护与经济发展共赢为目标的新发展理念，其最终目的是创造更多的经济效益、社会效益和生态效益。

长江经济带拥有货运量位居全球内河第一的黄金水道，是连接"丝绸之路经济带"和"21世纪海上丝绸之路"的重要纽带，战略地位毋庸置疑。长江经济带是中国资源富集带，2016年，长江经济带水资源、耕地资源、森林资源占全国的比重分别为47.4%、33.3%和40.8%。与此同时，这也是一条环保警钟长鸣的经济带，沿江地区密布重化工产业，工业废水排放量巨大，水质存在恶化趋势、水土流失严重、生物多样性下降等生态环境问题突出，生态系统面临崩溃的风险（见图1-3）。

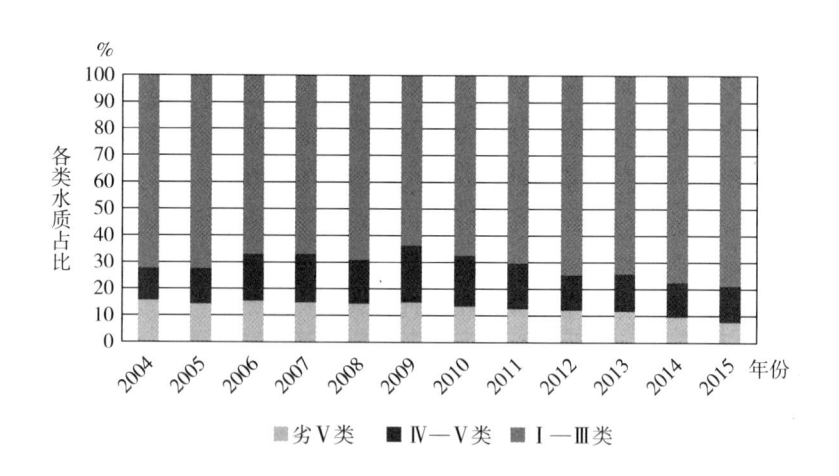

图1-3 2004—2015年长江流域各类水质占比

资料来源：中国环境保护部、中华人民共和国国家统计局。

如何在避免生态环境功能失调的同时充分发挥黄金水道的优势，

为建设内河经济带提供有效支撑，为生态文明做好示范，这是新时期长江经济带发展战略顶层设计首要考虑的重大问题。2013年，习近平总书记在湖北考察时提出，长江流域要加强合作，充分发挥内河航运作用，发展江海联运，把全流域打造成黄金水道；2014年，《关于依托黄金水道推动长江经济带发展的指导意见》正式发布；2015年，长江经济带建设作为中国三大区域发展战略被写入"十三五"国民经济和社会发展规划；2016年，中央财经领导小组第十二次会议强调，推动长江经济带发展，要把生态环境保护摆上优先地位。在重庆考察期间，习近平总书记进一步指出，要把长江经济带建设成为中国生态文明建设的先行示范带、创新驱动带、协调发展带。同年，《长江经济带发展规划纲要》正式印发，明确提出要"大力保护长江生态环境"。2017年，党的十九大报告进一步指出，"实施区域协调发展战略"，要"以共抓大保护、不搞大开发为导向推动长江经济带发展"。

我们需要一个什么样的母亲河？我们需要怎样建设长江经济带？党中央、国务院的一系列战略部署给这两个问题以明确的答案：长江生态环境只能优化，不能破坏，要建设生态长江，要以坚持生态优先、推动绿色发展为基本原则和目标建设长江经济带。在发展目标上，不以GDP等经济目标为主要考核前提，而将提高资源环境承载力作为约束性、强制性的目标；在发展路径上，不以经济建设为主导，不鼓励"大干快上"，而是以生态环境保护和生态文明建设为前提和方向，要求确保提质增效升级；在发展重点任务上，综合考虑绿色发展、创新驱动、产业转型升级、区域协调协同，力图实现经济发展与资源环境相适应，这些目标、路径和任务上的重新诠释和布局安排，是长江经济带发展战略的重大创新，也是推进长江经济带可持续发展的出发点和立足点。

三 绿色发展与创新驱动有机结合是提高经济发展质量和效益的关键

党的十九大报告对"贯彻新发展理念，建设现代化经济体系"作出重大部署，同时也指出当前建设现代化经济体系面临的主要问题，诸如"发展不平衡不充分的突出问题尚未解决，发展质量和效益不高"。为解决这些问题，党的十九大报告明确提出要"推进绿色发展""加快建设创新型国家"。可以预见，绿色发展和创新驱动将成为引领新时代中国建设现代化经济体系的重要引擎。原因在于，绿色发展是建设现代化经济体系的重要体现，而创新驱动是建设现代化经济体系的战略支撑。就绿色发展和创新驱动之间的关系而言，创新是引领发展的第一动力，同时也是引领绿色发展的第一动力，而绿色发展是创新驱动的主要目标之一。推进生态文明建设，建设世界科技强国，提升发展质量和效益，必须把绿色发展和创新驱动有机结合起来，不能顾此失彼、相互割裂。

一方面，推进绿色发展与创新驱动的有机结合有利于提升发展质量。当前，"发展是解决我国一切问题的基础和关键"，提升发展质量要求加快转变经济发展方式，实现新旧发展动能的转换。有质量的发展需要以创新驱动打通以往"经脉不通"的关键环节，围绕产业链部署创新链，围绕创新链完善资金链，围绕产业链、创新链、资金链部署人才链、完善政策链，优化配置，集中资源，形成合力；有质量的发展需要以绿色发展预防导致"气血不足"的诱发因素，突破资源环境瓶颈制约，"既要金山银山，也要绿色青山"，改善生态环境质量和人民群众的生活质量，增进民生福祉，提高人民群众的获得感、幸福感。绿色发展与创新驱动的有机结合，能够提高产业自主创新能力和绿色制造水平，促进绿色产业发展，推进传统产业绿色转型升级，有利于加快构建科技含量高、资源消耗低、环境污染少的产业结构，有利于加快培育形成新的经济增长点，有利于深入推进经济发展动力的转换，最终实现有质量的发展。

另一方面，推进绿色发展与创新驱动的有机结合有利于提升发展效益。提升发展效益要求大力推进供给侧结构性改革，加快推进产业转型升级，构筑绿色发展的生态体系。有效益的发展需要以创新驱动抢占发展的制高点和价值链的中高端，提高经济综合竞争力，创造更多的企业效益和经济效益；有效益的发展需要以绿色发展理念推进生态文明建设，促进绿色生态、绿色生产和绿色生活深度融合，创造更多的民生效益和生态效益。绿色发展与创新驱动的有机结合，能够降低资源能源等生产要素投入，强化资源环境约束性指标管理，减少技术创新的非期望产出，有利于加快实现从高成本要素投入、高生态环境代价的粗放发展模式向低成本要素投入、高质量生态环境产出和创新产出的资源节约环境友好型发展模式转变，最终实现有效益的发展。

总之，有质量和有效益的发展，必然是遵循经济发展规律的科学发展，是遵循自然规律的可持续发展，是以创新、协调、绿色、开放、共享"五大发展理念"为引领的包容性发展，是新时代的新发展，而绿色发展与创新驱动的有机结合是实现这种新发展的重要途径。

四　实现高质量绿色创新是深入推进长江经济带可持续发展的现实路径

国际上有关绿色创新的文献从 2005 年开始逐渐增加，但其内涵还存在一些争议，学者基于不同的视角引申出不同的定义。例如，陈（Chen）认为，绿色创新等同于绿色产品或绿色过程相关的硬件或软件创新；拉西（Rasi）等提出，绿色创新是以避免或减少环境破坏为目的的新的生产过程、技术、实践、系统、产品、制度或组织，绿色创新包含了生产者和消费者的环境收益；也有学者认为，绿色创新与生态创新或环境创新同义。国内学者关于绿色创新的定义可划分为三种：第一种定义把绿色创新看作旨在减少对环境不利影响的创新；第二种定义把绿色创新看作引入环境绩效的创新；第三种定义把绿色创新等同于环境（生态）创新或环境绩效的改进。就研究内容而言，不同学科或理论研究对绿色创新的研究也存在一定差异。比较而言，绿色创新是一种完全不同于现有技术创新轨迹的新的创新范式，可以降低企业生产成本和增加收入，提升企业经济绩效和环境绩效，但会受到组织学习、知识管理、企业战略（效益）、技术创新的选择环境、政府投资和激励政策、环境规制等多重因素的影响。《长江经济带发展规划纲要》提出要把长江经济带建设成为中国生态文明建设先行示范带、创新驱动引领带,大力构建绿色生态走廊和现代产业走廊。长江经济带是中国创新驱动的重要策源地,沿线城市以黄金水道为依托构成了沿江绿色发展轴,为推进长江经济带绿色发展起到重要战略支撑作用。长江经济带既要坚持生态优先、绿色发展的战略地位,又要实现创新驱动转型升级,绿色创新理应成为重要的"催化剂",它不仅能够在一定程度上减少或避免生态环境破坏,还能促进创新资源综合集成。

五 提升长江经济带发展质量和效益的关键是推动效率变革与动力变革

党的十九大报告提出,"我国经济已由高速增长阶段转向高质量发展阶段,正处在转变发展方式、优化经济结构、转换增长动力的攻关期,建设现代化经济体系是跨越关口的迫切要求和我国发展的战略目标",指出要"贯彻新发展理念,建设现代化经济体系","以供给侧结构性改革为主线,推动经济发展质量变革、效率变革和动力变革"。

《长江经济带发展规划纲要》发布实施以来,国家有关部委和11个省市政府部门及时出台了相关配套实施意见、规划计划或条例,长江经济带建设进程不断加快,取得了重大进展,在推动区域协调发展、促进产业转型升级和建设生态文明等方面发挥了重要作用。但是,我们也应该看到,推进长江经济带发展还面临不少现实困难和突出问题,主要是:全流域系统性保护不足,生态环境保护压力巨大;航道"肠梗阻"问题突出,"黄金水道"优势难以发挥作用;市场壁垒隐现,要素流通不畅,市场一体化程度较低;产业同质化现象严重,产业布局亟待优化;自主创新能力较低,科教资源优势没能有效转化为发展优势;城镇无序开发建设,区域间的不平衡、不协调问题明显;跨区域绿色协同发展体制机制尚不完善;市场导向的绿色技术创新体系有待建立;等等。要解决好上述发展过程中存在的问题,关键是要以供给侧结构性改革为主线，推动质量变革、效率变革和动力变革。这是提高长江经济带发展质量和效益、加快推进绿色发展和创新驱动有机结合的必由之路。

提升长江经济带发展质量和效益需要推进效率变革。效率变革的关键是破除制约效率提升的体制机制障碍，以既定的投入获取最大的产出。效率变革要求以提高供给侧效率为核心，优化资源配置，提高资源使用效率；要求加大研发投入，推进技术转移和科技成果转化，加快培育高新技术企业，鼓励发展高新技术产业，提高创新效率；要求以高生产率行业替代低生产率行业，加快构建现代产业体系，提高生产效率；要求完善对外开放体制机制，提高对外开放效率；要求提高经济、资源和环境的协调程度，提高生态效率等。推进效率变革，能够有效提高长江经济带的资源能源利用效率，提高产业在全球价值链的整体地位，加快打造内陆开放型经济高地，使长江经济带的绿水青山产生巨大的经济效益、社会效益和生态效益。

提升长江经济带发展质量和效益需要推进动力变革。动力变革的关键是由要素驱动向创新驱动发展转变。动力变革要求培育壮大发展新动能，促进新技术、新产业、新业态加快成长；动力变革要求加快新旧动能接续转换，改造提升传统动能，促进地区、行业和企业向高质量、高效益转型。推进动力变革，能够促进长江经济带经济增长方式转变，充分发挥科技创新对经济发展的引领和促进作用，加快推进创新驱动产业转型升级。

总之，深入推动效率变革和动力变革，是打造长江经济带质量型增长、内涵式发展新格局的重要途径。只有深入推动效率变革和动力变革，长江经济带才能在新的发展思路和理念指引下，走出一条质量更高、效益更好、结构更优、优势充分释放的发展新路。

第二章 长江经济带建设进程的时空分异特征及影响因素[*]

基于长江经济带建设的远景目标任务，构建评价指标体系，对长江经济带 2005—2016 年的建设进程进行综合测度。研究结果表明：(1) 样本期内，长江经济带建设进程指数为 0.053—0.934，整体上呈现稳步上升的趋势；(2) 生态环境、综合立体交通、创新驱动产业升级、新型城镇化、对外开放发展五个维度指数均呈现稳定上升的态势，且对长江经济带建设进程具有显著的正向推动作用，但贡献率依次降低；(3) 从区域层面看，样本期内，长江经济带上中下游的建设进程指数均值分别为 0.173、0.201 和 0.573，下游地区建设进程最快；(4) 城市规模、环境规制和对外开放水平三个影响因素对长江经济带建设进程起到了明显的促进作用，但第二产业增加值比重起到了抑制作用。

一 研究背景

长江经济带横跨我国东中西三大区域，是我国战略支撑作用最突出的一条东西向发展轴带。长江经济带的建设不仅有利于促进上中下游沿岸地区的发展，而且肩负着促进西部大开发，带动中部崛起以及加快全国区域协调发展的重任。2016 年，《长江经济带发展规划纲要》正式印发，并设立了 2020 年和 2030 年两个战略目标，这是国家

---

[*] 本章部分内容刊载于袁泉、张莲、李奇明《长江经济带建设进程的时空分异特征研究》，《特区经济》2019 年第 7 期。

在"新常态"背景下,为发挥长江经济带的发展职能而将它上升为国家战略的重大举措。在国家战略筹划和政策扶持下,长江经济带全面改革开放和建设发展的大幕已经拉开,将迎来跨越式发展,以支撑全国经济更稳健、更高质量的发展。

现有的相关研究主要从长江经济带的经济联系网络结构(邹琳和曾刚,2015;朱道才,2016)、交通运输体系(孙尚清,1994;Tian and Sun,2018)、生态文明和绿色发展(杨桂山,2015;Xu et al.,2018)、新型城镇化(李小帆和邓宏兵,2016;Meyer et al.,2013)、空间布局与协调发展(陈修颖,2007;Turok,2009;文传浩等,2015;陆玉麒和董平,2017)、交通基础设施(Klemann,2013;王磊和翟博文,2018)、全要素生产率(吴传清,2014)等维度展开了较为系统的研究,并提出了相应的推进长江经济带发展的路径建议。而关于长江经济带建设进程评价的近期研究则不多见,比较早的,如20世纪80年代,"长江产业带建设的综合研究"课题组提出了从河道运输量、港口吞吐量、沿江通道建设状况、城市集聚度等构建长江经济带建设进程的评价指标体系,但比较而言,该研究所构建的评价体系不适用于现有国家对于长江经济带的长期建设目标要求。从深入推进长江经济带高质量发展的客观要求出发,科学合理地评价长江经济带的建设进程,有利于根据评价结果适时调整长江经济带的发展目标定位,有利于审视制约影响长江经济带可持续发展的关键因素。因此,本部分结合国家对长江经济带发展的未来目标定位,构建相应的评价指标体系,对长江经济带的建设进程进行评价并分析其时间演化规律、空间差异和影响因素,具有一定的理论和现实意义。

二 研究模型的设计

(一)评价指标体系的构建

2014年,国务院印发的《关于依托黄金水道推动长江经济带发展的指导意见》重点提出了七个发展目标任务,即提升黄金水道功能、建设综合立体交通走廊、创新驱动产业转型升级、全面推进城镇化、培育全方位的对外开放新优势、建设绿色生态廊道、创新区域协调发展体制机制。其中，黄金水道功能的发挥要基于立体交通走廊的建设，区域协调发展的重点之一是推进新型城镇化。基于此，同时考虑指标的可获得性，本部分从生态环境、综合立体交通、创新驱动产业升级、新型城镇化、对外开放发展五个维度构建长江经济带建设进程的评价指标体系。

1. 生态环境保护维度

生态环境保护主要包括生态建设和环境保护两个方面。该维度的测度指标主要由万元 GDP 能耗、万元 GDP 水耗、单位工业增加值二氧化硫排放量、单位工业增加值废水排放量、单位工业增加值工业固体废物产生量、森林覆盖率、单位土地面积 GDP 产出构成。

2. 综合立体交通维度

综合交通运输体系是经济发展的基础，对长江经济带经济社会发展具有重要的支撑引领作用。要把长江全流域打造成黄金水道，就必须统筹铁路、高速公路、航空和港口建设，率先建成网络化、标准化、智能化的综合立体交通走廊。因此，可以选取铁路密度、高速公路密度、民航旅客吞吐量、港口货运吞吐量四个指标评价综合立体交通建设进程。

3. 创新驱动产业升级维度

创新驱动产业升级不仅要注重高新技术企业的发展还应注重服务业的发展以及劳动和资本的产出增长率。考虑到创新链和创业链的延伸关系，以及衡量产业转型升级的关键指标，本部分选取发明专利授权量、新产品销售收入、技术市场成交额、高新技术产业主营业务收入、第三产业占比、第三产业就业人员比例、劳动生产率提高率、资本产出率提高率八个基础指标。

4. 新型城镇化维度

新型城镇化是以人为本，不断提高城乡居民生活质量的城镇化，是生态宜居、和谐发展的城镇化。结合已有相关研究成果，选用城镇化率、城镇居民人均可支配收入、人均城市绿地面积三个指标评价新型城镇化水平。

5. 对外开放发展维度

对外开放发展程度主要体现在进出口贸易总额和实际利用外资额上。因此，对外开放发展维度主要包含进出口贸易总额和实际利用外资两个指标。

(二) 评价方法的选择

对于多个指标进行综合测度时，需要确定指标的权重，一般采用主观赋权法和客观赋权法。主观赋权法包括模糊评价法、德尔菲法、层次分析法，客观赋权法则包括主因子分析法、熵值法、相对指数法、层次分析法、主成分分析法等，然而方法各有优劣。熵值法在一定程度上能够反映主观信息熵的效用价值，从而避免主观赋值法的缺陷，而且操作较简单，因此本部分采用熵值法来确定各个指标的权重。对于某项指标，信息熵的值越大，指标值的变异程度越大，该指标在综合评价中所起的作用也就越大。

(1) 基于 min – max 标准化方法的数据标准化处理：

正项指标：$X_{ij}^* = \dfrac{X_{ij} - \min(X_{ij})}{\max(X_{ij}) - \min(X_{ij})}$ （2 – 1）

负向指标：$X_{ij}^* = \dfrac{\max(X_{ij}) - X_{ij}}{\max(X_{ij}) - \min(X_{ij})}$ （2 – 2）

(2) 计算第 i 个样本第 j 项指标的比重：

$Y_{ij} = \dfrac{X_{ij}^*}{\sum\limits_{i=1}^{m} X_{ij}^* 2a}, i = 1,2,3,\cdots,m, j = 1,2,3,\cdots,n$ （2 – 3）

(3) 计算指标信息熵值：

$e_j = -k \sum\limits_{i=1}^{m} (Y_{ij} \times \ln Y_{ij})$ （2 – 4）

(4) 计算信息熵冗余度：

$d_j = 1 - e_j$ （2 – 5）

(5) 计算评价指标权重：

$W_j = \dfrac{d_j}{\sum\limits_{j=1}^{n} d_j}$ （2 – 6）

(6) 综合评价得分：

$$F = \sum W_i \times X_{ij}^* \qquad (2-7)$$

式中，X_{ij}代表第i个样本第j项指标的原始值，X_{ij}^*代表第i个样本第j项指标的标准值，max（X_{ij}）和 min（X_{ij}）分别代表X_{ij}的最大值和最小值，$k = 1/\ln m$，m为样本个数，本部分中$m = 11$，$n = 24$，$k = 0.41703$。本部分采用 Excel 对数据进行处理，得到标准值和指标权重。

（三）数据来源及处理

本部分采用的基础数据均来源于长江经济带 11 个省市各年度的统计年鉴，以及 2006—2017 年的民航统计公报等，部分指标数据根据基础数据计算得到。同时，选取 2005 年作为基年，个别指标项缺失的数据运用类推法进行估算。由于各个基础指标之间的不可公度性，需要对数据进行变换和处理。长江经济带发展进程的各项指标的属性有正向和负向两种，并且每一个基础指标分别有不同的量纲和量级，因此需要对原始数据进行标准化处理，具体采用 min - max 标准化方法对基础指标进行处理。本部分采用熵值法来确定各项指标的权重，然后确定维度指标权重。表 2 - 1 给出了各个基础指标及维度指标的权重。

表 2 - 1　　长江经济带建设进程测度的指标构成和权重

维度指数及权重	基础指标	指标权重	属性	单位
生态环境 0.2240	万元 GDP 能耗	0.0120	负向	吨标准煤/万元
	万元 GDP 水耗	0.0239	负向	立方米/万元
	单位工业增加值二氧化硫排放量	0.0108	负向	吨/亿元
	单位工业增加值废水排放量	0.0171	负向	吨/亿元
	单位工业增加值工业固体废物产生量	0.0132	负向	吨/亿元
	森林覆盖率	0.0231	正向	%
	单位土地面积 GDP 产出	0.1239	正向	万元/平方千米
综合立体交通 0.1899	铁路密度	0.0423	正向	千米/平方千米
	高速公路密度	0.0586	正向	千米/万平方千米
	民航旅客吞吐量	0.0421	正向	人次
	港口货运吞吐量	0.0468	正向	万吨

续表

维度指数及权重	基础指标	指标权重	属性	单位
创新驱动产业升级 0.3574	发明专利授权量	0.0576	正向	件
	新产品销售收入	0.0804	正向	万元
	技术市场成交额	0.0572	正向	万元
	高新技术产业主营业务收入	0.0723	正向	亿元
	第三产业占比	0.0314	正向	%
	第三产业就业人员比例	0.0179	正向	%
	劳动生产率提高率	0.0226	正向	%
	资本产出率提高率	0.0179	正向	%
新型城镇化 0.1092	城镇化率	0.0336	正向	%
	城镇居民人均可支配收入	0.0565	正向	元
	人均城市绿地面积	0.0190	正向	平方米
对外开放发展 0.1195	进出口贸易总额	0.0798	正向	万美元
	实际利用外资额	0.0397	正向	万美元

资料来源：笔者计算得出。

由表2-1可知，创新驱动产业升级在五个维度中所占的权重最高，为0.3574，这意味着长江经济带建设进程的变化更多地体现在创新驱动产业升级这一维度上。生态环境在长江经济带建设进程中的权重居于第二位，说明这一维度在对长江经济带发展的贡献仅次于创新驱动产业升级。新型城镇化和对外开放发展两个维度的权重分别为0.1092和0.1195，说明这两个维度对长江经济带建设发展的贡献大小相当。

除了分析五个维度的权重大小，还应该注意其他基础指标权重的大小。由表2-1可知，24个指标中，权重排在前五位的分别是：单位土地面积GDP产出（第一）、新产品销售收入（第二）、进出口贸易总额（第三）、高新技术产业主营业务收入（第四）及高速公路密度（第五）。

在生态环境维度的影响因素中，单位土地面积GDP产出和万元GDP水耗是其主要影响因素。在综合立体交通维度中，高速公路密度和港口货运吞吐量是其主要影响因素。在创新驱动产业升级的影响因素中，新产品销售收入和高新技术产业主营业务收入是其主要的影响因素。新型城镇化的影响因素中，城镇居民人均可支配收入是主要影响因素。进出口贸易总额是对外开放发展的主要影响因素。

三 长江经济带建设进程评价的实证结果分析

（一）时间演变规律

通过熵值法求得权重后，进一步利用综合评价算式求得各个省市的综合评价得分，得出图 2-1 的测度结果。可以看到，长江经济带总体建设进程指数在 0.053 和 0.934 之间，整体呈现逐年上升的趋势。以 2005 年为基期，12 年间的建设进程指数均值为 0.442，自 2011 年后，建设进程指数全部高于样本期内的均值。特别是 2014 年后，建设进程指数更是迅速攀升，这与当年国家指导性文件的发布密切相关。

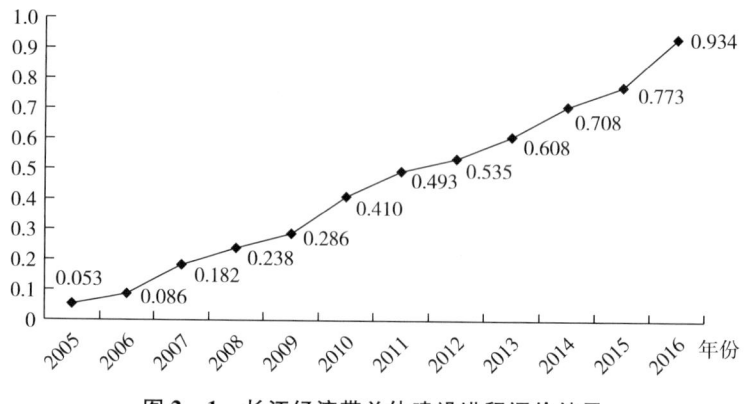

图 2-1 长江经济带总体建设进程评价结果

（二）不同维度建设进程的比较分析

表 2-2 显示，五个维度的指数均呈现稳定上升的态势，且都对长江经济带建设进程总体指数具有显著推动作用。

第一，生态环境建设进程的测度指数从 2005 年的 0.010 上升到 2016 年的 1.000，均值是 0.563，该维度指数上升趋势明显。其中，单位土地面积 GDP 产出、万元 GDP 水耗和森林覆盖率对生态环境建设进程的贡献最大。

表2-2　2005—2016年长江经济带不同维度建设进程测度结果

年份	生态环境	综合立体交通	创新驱动产业升级	新型城镇化	对外开放发展
2005	0.010	0.010	0.103	0.038	0.010
2006	0.090	0.050	0.106	0.048	0.107
2007	0.193	0.102	0.213	0.131	0.242
2008	0.302	0.168	0.222	0.211	0.364
2009	0.495	0.281	0.160	0.339	0.333
2010	0.589	0.365	0.310	0.445	0.532
2011	0.650	0.448	0.377	0.559	0.739
2012	0.711	0.531	0.370	0.664	0.822
2013	0.861	0.631	0.392	0.742	0.903
2014	0.909	0.759	0.518	0.815	0.970
2015	0.940	0.885	0.584	0.898	0.945
2016	1.000	1.000	0.857	1.000	0.924
均值	0.563	0.436	0.351	0.491	0.574

资料来源：根据2006—2017年11个省市的统计年鉴的数据整理计算得出。

第二，综合立体交通建设进程的测度指数从2005年的0.010上升到2016年的1.000，均值是0.436。其四个三级指标的权重值相差不大，说明铁路、高速公路、港口货运吞吐量、民航旅客吞吐量四个指标对长江经济带建设进程的贡献都很大。但是，由于长江经济带特殊的地理位置，特别是沿海城市应该加快港口建设和航空建设，加大对外开放水平，促进对外贸易的发展，从而提高长江经济带的建设进程。

第三，创新驱动产业升级建设进程测度指数从2005年的0.103上升到2016年的0.857，但该维度的测度均值较低，为0.351。创新驱动产业升级的建设主要得益于发明专利授权量、新产品销售收入、技术市场成交额和高新技术产业主营业务收入四个指标的增长。

第四，新型城镇化建设进程的测度指数12年间从0.038上升到1.000，上升态势明显，其建设进程测度均值为0.491。城镇居民人均可支配收入和城镇化率对新型城镇化建设的贡献较大。

第五，对外开放发展建设进程为 12 年的测度指数均值为 0.574，且从 2005 年的 0.010 上升到 2016 年的 0.924，上升趋势也很明显，其中，进出口贸易总额对对外开放发展建设进程的贡献最大。

（三）不同省市建设进程的区域异质性

运用所构建的评价指标体系和测度方法，对长江经济带 11 个省市的建设进程分别进行测度，结果显示（见表 2-3）：第一，2005—2016 年，上海、江苏和浙江三个省市的建设进程指数一直居于前三位，排名第四位至第七位的分别是重庆、湖北、四川、湖南，排在最后四位的分别是安徽、江西、云南和贵州。分析基础数据发现，排名靠后省市的能源、水资源消耗很高，二氧化硫、固体废物排放量等较高，且单位土地面积 GDP 产出、发明专利授权量、新产品销售收入等较低，最终导致五个维度指数均明显落后于高指数地区。第二，样本期内，除上海、云南之外，11 个省市的建设进程均比 2005 年有了明显的提升。细分维度的分析结果表明，上海建设进程指数先下降后上升的原因主要是人口密度逐渐变大导致资源消耗增速变大，而云南则是单位工业增加值"三废"排放量增多、高新技术企业发展太缓慢所致。

表 2-3　　2005—2016 年长江经济带省域建设进程测度

年份	2005	2006	2007	2008	2009	2010	2011	2012	2013	2014	2015	2016
重庆	0.162	0.160	0.141	0.217	0.383	0.334	0.258	0.235	0.254	0.260	0.289	0.281
四川	0.155	0.165	0.158	0.180	0.301	0.250	0.211	0.216	0.233	0.238	0.240	0.219
贵州	0.077	0.063	0.068	0.105	0.093	0.094	0.108	0.098	0.111	0.117	0.122	0.125
云南	0.119	0.117	0.114	0.150	0.203	0.156	0.112	0.173	0.125	0.113	0.121	0.095
安徽	0.117	0.121	0.135	0.175	0.286	0.238	0.185	0.179	0.210	0.222	0.241	0.242
江西	0.114	0.113	0.116	0.141	0.271	0.222	0.174	0.164	0.184	0.189	0.187	0.188
湖北	0.160	0.159	0.180	0.203	0.311	0.264	0.209	0.218	0.251	0.279	0.309	0.285
湖南	0.142	0.138	0.143	0.172	0.279	0.229	0.194	0.185	0.214	0.237	0.249	0.223
上海	0.873	0.863	0.857	0.772	0.653	0.587	0.739	0.690	0.737	0.751	0.750	0.733
江苏	0.512	0.498	0.542	0.557	0.532	0.465	0.585	0.564	0.621	0.603	0.599	0.647
浙江	0.374	0.386	0.373	0.367	0.465	0.399	0.379	0.418	0.421	0.444	0.488

资料来源：根据 2006—2017 年 11 个省市的统计年鉴整理计算得出。

(四) 上游、中游、下游建设进程的区域差异性

把长江经济带分为上游、中游、下游三个区域单元,根据常规划分方法,上游地区包括重庆、四川、云南、贵州;中游地区包括安徽、江西、湖北、湖南;下游地区包括上海、江苏、浙江。样本期内,上游、中游、下游建设进程测度指数值如表 2-4 和图 2-2 所示。可以发现,一方面,整体上,上中下游的建设进程指数均有所提高,但是提高幅度较小;另一方面,三个区域建设进程差异较大,样本期内三个区域建设进程均值分别是 0.173、0.201 和 0.573,其中下游地区均值高于总体均值,更是比上游地区高 231%,比中游地区高 185%。由此可见,长江经济带建设进程呈现出显著的区域差异性,促进区域协调发展至关重要。

表 2-4　　　　2005—2016 年长江经济带分区域建设进程测度

年份	2005	2006	2007	2008	2009	2010	2011	2012	2013	2014	2015	2016	均值
上游	0.128	0.130	0.120	0.160	0.250	0.210	0.172	0.180	0.180	0.180	0.190	0.180	0.173
中游	0.133	0.130	0.140	0.170	0.290	0.240	0.190	0.190	0.220	0.230	0.250	0.235	0.201
下游	0.587	0.580	0.590	0.570	0.550	0.480	0.574	0.550	0.590	0.590	0.600	0.623	0.573
总体	0.053	0.090	0.180	0.240	0.290	0.410	0.4930	0.540	0.610	0.710	0.770	0.934	0.442

资料来源:根据 2006—2017 年 11 个省市的统计年鉴整理计算得出。

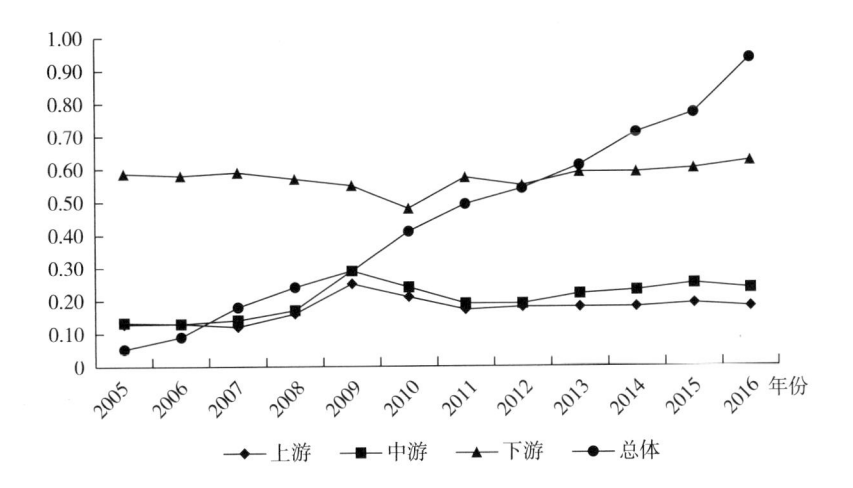

图 2-2　2005—2016 年长江经济带分区域建设进程测度

四 影响因素的识别与实证分析

（一）影响因素的识别

影响长江经济带建设进程的因素既有经济因素、结构因素，也包含环境因素和开放因素等。结合已有研究成果，同时考虑到数据的可获得性、一致性，选择六个关键因素进行分析，具体见表2-5。

表2-5　　长江经济带地区建设进程的影响因素自变量

影响因素	具体指标	符号
经济发展水平因素	人均地区生产总值	ad
产业结构因素	第二产业增加值与地区生产总值的比重	is
技术因素	技术市场成交额	te
城市规模因素	城镇人口比重	ci
环境规制因素	工业固体废弃物综合利用率	isw
对外开放水平因素	外贸依存度	ftd

1. 经济发展水平因素

经济发展水平越高，意味着综合发展的物质基础越夯实，对长江经济带建设进程就更能发挥促进作用，而人均地区生产总值可以较好地反映地区经济发展水平程度。据此提出假设一：人均地区生产总值与长江经济带建设进程呈正相关关系。

2. 产业结构因素

我国目前正处于工业中期阶段，第二产业增加值的比重一定程度上可以反映工业的污染强度，第二产业增加值的比重越高，污染强度越高（Cheng et al., 2018），对生态环境的影响程度也越大。由此提出假设二：第二产业增加值与地区生产总值的比重与长江经济带建设进程呈负相关。

3. 技术因素

技术进步不仅可以提高规模效率，还可以减少资源的浪费和污染物的排放，从而有利于生态环境的改善和创新驱动产业升级（韩儒眉和刘艳春，2017）。而技术市场成交额在一定程度上可以反映地区的技术水平，技术市场成交额越高，技术水平越高，建设进程也越快。因此提出了假设三：技术市场成交额与长江经济带建设进程呈正相关。

4. 城市规模因素

新型城镇化是长江经济带建设进程中的一个重要的维度，城市规模因素不仅可以反映新型城镇化的建设进程，还可以反映一个地区的集聚效应和拥挤效应，而集聚效应和拥挤效应可以反映地区的绿色创新水平（Moschetti et al.，2018），城镇人口比重可以有效反映城市的规模。由此提出假设四：城镇人口比重与长江经济带建设进程呈正相关。

5. 环境规制因素

合理的环境规制对于长江经济带沿江地区的生态环境、绿色创新水平、生产效率的发展都有积极的影响，而工业固体废弃物综合利用率正是政府规制因素所体现的一个重要方面（Wang et al.，2018）。据此提出假设五：工业固体废弃物综合利用率与长江经济带建设进程呈正相关。

6. 对外开放水平因素

对外开放水平直接影响一个地区资源、要素的配置水平，同时，长江经济带是我国对外开放的前沿，因此，对外开放水平是影响长江经济带建设进程的重要因素之一。而外贸依存度可以反映一个地区的对外开放水平，且能够促进一个地区的经济发展。据此提出假设六：外贸依存度与长江经济带建设进程呈正相关。

(二) 模型构建与数据来源

根据以上的分析，建立面板分析数据模型：

$$CPM = \beta_0 + \beta_1 ad + \beta_2 is + \beta_3 te + \beta_4 ci + \beta_5 isw + \beta_6 ftd + \varepsilon \quad (2-8)$$

其中，CPM 代表长江经济带建设进程指数，ad、is、te、ci、isw、ftd 分别为 6 个变量取完自然对数后的值，β_0 代表截距项，β_1、β_2、β_3、β_4、β_5、β_6 都为待估参数，ε 为干扰项。

(三) 实证结果分析

1. 研究变量的描述性统计

从表2-6中的变量描述性统计可知：从经济发展水平来看，样本期内长江经济带地区的人均地区生产总值存在较大的差异，与国家政策的倾斜有很大的关系。从技术因素来看，各个地区的技术市场成交额存在较大的差异，与地区政府对高新技术企业的支持力度有关。从对外开放水平来看，样本期内各个地区的外贸依存度存在较大的差异，这与各地的地理位置有很大关系，上海、江苏等沿海地区在对外开放水平上比内陆地区更有优势。其他几个指标数值的最大值和最小值也存在一定差异，但是都在较合理的范围内。

表2-6　　　　　　　　变量的描述性统计

变量	变量含义	样本容量	最小值	最大值	均值	方差
CPM	长江经济带建设进程测度值	132	0.063	0.873	0.292	0.198
ad	人均地区生产总值（元/人）	132	8.528	11.666	10.249	0.706
is	第二产业增加值与地区生产总值的比重（%）	132	3.400	4.036	3.833	0.120
te	技术市场成交额（万元）	132	8.587	16.017	13.317	1.440
ci	城镇人口比重（%）	132	3.291	4.495	3.888	0.283
isw	工业固体废弃物综合利用率（%）	132	3.300	4.644	4.227	0.319
ftd	外贸依存度（%）	132	1.168	4.459	2.466	0.791

资料来源：根据2006—2017年11个省市的统计年鉴整理计算得出。

2. 回归结果与分析

根据上文设计的回归模型，使用Stata13.0软件进行回归分析，结果见表2-7。

表2-7　长江经济带建设进程测度的影响因素回归分析模型汇总

变量	模型系数	标准误差	T统计量	P值
ad	-0.028	0.030	-0.91	0.366
is	-0.126*	0.071	-1.77	0.079

续表

变量	模型系数	标准误差	T统计量	P值
te	0.002	0.012	0.17	0.867
ci	0.511***	0.102	4.99	0.000
isw	0.041	0.037	1.10	0.272
ftd	0.059***	0.018	3.20	0.002
R^2	0.795	F统计量	80.82	
调整后的R^2	0.785	F Prob	<0.001	

注：***、**、*分别表示在1%、5%、10%的显著性水平上通过了检验。

调整后的判定系数为0.852，说明面板数据回归模型拟合度较高，不被解释的变量较少；F检验的P值小于0.001，小于显著性水平0.05，说明模型总体是统计显著的，可以建立线性方程。

从表2-7中回归系数的方向和显著性水平可以得出以下结论。

第一，地区经济发展水平对长江经济带建设进程的影响系数为负，且结果不显著，说明二者之间关系不明确，拒绝原假设一。这说明，单纯依靠经济快速增长无法加快长江经济带建设进程，在发展经济的同时也要兼顾环境保护、创新驱动，以实现高质量发展。

第二，第二产业增加值占地区生产总值的比重与长江经济带建设进程呈显著的负相关，与原假设二相符。这说明，长江经济带产业结构的不合理抑制了长江经济带的建设进程。因此，必须加快产业结构优化升级，转变高消耗、高污染的增长方式，大力发展高新技术产业。

第三，技术市场成交额对长江经济带建设进程的影响系数为正，但结果不显著，说明技术市场成交额与长江经济带建设进程的测度指数呈不显著的正向影响，拒绝原假设三。

第四，城镇人口比重与长江经济带建设进程具有显著的正相关关系，与原假设四相符。事实上，理论和实践经验也说明，提高城镇化水平在一定程度上可以促进服务业发展，而服务业比重的增加会优化产业结构、促进创新驱动产业转型升级，因此城镇化率的提高会加快长江经济带的建设进程。

第五，工业固体废弃物综合利用率与长江经济带建设进程呈显著的正相关关系，与原假设五相符。这说明。政府的环境规制因素能够有效加快长江经济带建设进程，政府环境投入力度越大，环境管理体制机制越完善，越有利于促进长江经济带绿色发展。

第六，外贸依存度与长江经济带建设进程呈显著的正相关关系，与原假设六相符，说明对外开放水平的提高对加快长江经济带建设进程有积极的推动作用。

五 基本结论

本章运用2005—2016年长江经济带省级面板数据对长江经济带建设进程进行测度，并研究影响长江经济带建设进程的主要因素。研究结果表明：（1）样本期内，长江经济带建设进程指数处于0.053和0.934之间，整体上呈现稳步上升的趋势。（2）创新驱动产业升级、生态环境、综合立体交通、新型城镇化、对外开放发展五个维度指数均呈现稳定上升的态势，且对长江经济带建设进程均具有显著的正向推动作用，但贡献率依次降低。（3）从区域层面看，样本期内，长江经济带上中下游的建设进程指数均值分别为0.173、0.201和0.573，下游地区建设进程最快。（4）城市规模因素、环境规制和对外开放水平三个影响因素对长江经济带建设进程起到了明显的促进作用，但第二产业增加值比重起到了抑制作用。

第三章　长江经济带生态效率的时空分异特征及影响因素[*]

提高生态效率是缓解经济增长过程中资源环境约束的重要途径之一。运用超效率SBM模型测算长江经济带2005—2015年的生态效率，同时结合空间滞后模型探索生态效率的关键影响因素，研究结果表明：样本期内长江经济带生态效率均处于无效率状态，存在进一步改善的空间；时序上，长江经济带下游生态效率呈现上升趋势，而上游和中游生态效率则呈下降趋势；空间相关性检验显示长江经济带生态效率全局空间集聚度不断增强，高—高集聚区集中在下游的浙江、江苏和上海三个省市，高—低集聚区体现在重庆市，而低—低集聚区和低—高集聚区则集中在上游和中游地区；提高城镇化水平、优化产业结构、促进技术进步、提高环境规制强度以及丰富的自然资源有助于改进生态效率，而提高国有经济在经济主体中的比重则不利于改善长江经济带生态效率。

一　研究背景

长江经济带依托于长江黄金水道，横跨中国东部、中部和西部11个省市，以21.35%的占地面积和42.77%的人口比例贡献了全国

---

[*] 本章主要内容的英文版刊载于 Xu Shuoran, Wang Teng, Wang Zaiqi, "The Spatial-Temporal Variation and Influencing Factors of Eco-Efficiency in the Yangtze River Economic Zone in China", Conference Proceedings of the 6th International Symposium on Project Management, ISPM, 2018。

43.22%的国内生产总值。当前，长江经济带的区位重要性日益凸显，有望成为继沿海经济带后的下一个经济增长极。然而，"坚持生态优先，推进绿色发展"的战略诉求使长江经济带较其他区域而言，更为亟须解决经济发展与生态环境保护之间的现实矛盾。提高生态效率则是协调经济增长、资源利用与环境保护的有效实践，也是实现长江经济带可持续发展与生态文明的必然选择。

　　生态效率主要用来反映经济活动对生态环境的影响。世界可持续发展商业理事会对生态效率内涵的界定得到学术界广泛认可，即在提供能满足人类生存发展及美好生活需要的有竞争性商品和服务的同时，将其整个生命周期所消耗的资源与对生态环境的影响控制在地球承载范围内。生态效率体现了可持续发展的目标，其本质是通过较少的资源与环境投入以获得尽可能多的经济产出。从现有相关研究看，在生态效率评价方面，现有研究成果中最常用的测算方法是数据包络分析，如 SBM 模型、两阶段 DEA 方法、三阶段 DEA 方法、Malmquist 指数等。为更合理处理生态效率测算过程中的非期望产出，部分学者在传统 DEA 方法的基础上进行改进，提出了 GB – US – SBM 模型、Malmquist – Luenberger 指数。此外，比值法、生命周期法、随机前沿分析法、物质流分析法也被用于生态效率的测算中。而关于生态效率的影响因素，则主要集中在三个方面：技术水平，如专利授权量、研发的积极性；结构变动，如城镇化率、产业结构；经济体制，如外商直接投资、环境规制、政府透明度。在实证研究方面，生态效率的应用范围较广，涉及宏观区域层面、中观产业层面以及微观个体层面，关于长江经济带的生态效率研究主要涉及分行业生态效率及其提升机制等。

　　总体而言，现有研究依然存在一些问题和改善的空间：一是运用数据包络分析测算效率时，有效决策单元间不能相互比较，研究方法需要进一步拓展；二是在不同研究成果中，同一因素对生态效率的影响存在正向的促进作用以及负向的抑制作用，彼此矛盾，关键因素的影响效应有待进一步验证；三是探索长江经济带生态效率空间分布的成果较少。鉴于此，本部分运用超效率 SBM 模型测算长江经济带的生态效率，进而分析其动态演进规律、空间分布差异和集聚特征，并分析不同因素的影响机制和效应。

二 研究模型的设计

（一）研究方法

1. 超效率 SBM 模型

数据包络分析是一种对多投入多产出展开评价以测算同类型决策单元效率的一种非参数评估方法。其基本原理是借助数据规划方法，根据决策单元的投入产出确定理想生产前沿面，将各决策单元投影到理想生产前沿面，通过比较决策单元偏离理想生产前沿面计算该决策单元相对效率。相比其他评估方法，数据包络分析具有两大优势：一是无须人为赋予各指标权重；二是无须事先确定投入与产出间存在的函数关系，评价结果更加客观。

Tone 首次提出了一种新的非径向 DEA 模型——基于松弛变量的评价模型（Slacks-Based Measure，SBM）。与传统 CCR 和 BCC 模型不同，SBM 模型在构建目标函数时考虑到投入产出的松弛问题，其评估结果不再是效益比例最大化，而是实际效果最大化。SBM 模型评价的效率值在 0 和 1 之间，若评价结果出现多个有效决策单元时，无法对这些决策单元做出进一步比较。Tone 提出了超效率 SBM 模型，用于弥补 SBM 模型无法比较有效决策单元的不足。

假定有 n 个同类型的决策单元，每一个决策单元包含 m 种投入、s 种产出。超效率 SBM 模型能对 SBM 模型中有效决策单元进行排序，其表达式如下：

$$\min \varphi = \frac{\frac{1}{m}\sum_{i=1}^{m}\frac{\overline{x}}{x_{ik}}}{\frac{1}{s}\sum_{r=1}^{s}\frac{\overline{y}}{y_{rk}}}$$

$$s.t. \quad \overline{x} \geq \sum_{j=1,\neq k}^{n} x_{ij}\lambda_j, \ i=1,\cdots,m$$

$$\overline{y} \leq \sum_{j=1,\neq k}^{n} y_{rj}\lambda_j, \ r=1,\cdots,s$$

$$\lambda_j > 0, j = 1, \cdots, n$$
$$\overline{x} \geq x_{ik}, i = 1, \cdots, m$$
$$\overline{y} \leq y_{rk}, r = 1, \cdots, s$$

2. 空间自相关指数

空间自相关是检验空间单元某属性与周围空间单元是否存在相互依赖的方法。Moran's I 是目前主要用于衡量空间自相关的计量指标，包括全局空间自相关和局部空间自相关。

第一，全局空间自相关。全局空间自相关用于分析样本总体空间关联及其差异程度，其表达式为：

$$I = \frac{\sum_{i=1}^{n}\sum_{j=1}^{n}W_{ij}(x_i - \overline{x})(x_j - \overline{x})}{S^2\sum_{i=1}^{n}\sum_{j=1}^{n}W_{ij}}$$

其中，I 为全局 Moran's I 系数，I 的取值范围介于 -1 和 1，当 $I > 0$ 时，表明该属性在样本总体内存在空间正相关，当 $I < 0$ 时，显示该属性在样本总体内存在空间负相关，而当 $I = 0$ 时，说明该属性是随机分布的，不存在空间自相关。n 为样本量；x_i 和 x_j 分别为单元 i 和单元 j 的观察值；$\overline{x} = \frac{1}{n}\sum_{i=1}^{n}x_i$；$S^2 = \frac{1}{n}\sum_{i=1}^{n}(x_i - \overline{x})^2$；$W_{ij}$ 为空间权重矩阵，当单元 i 和单元 j 相邻时，$W_{ij} = 1$，否则，$W_{ij} = 0$。

第二，局部空间自相关。局部空间自相关则用于分析空间单元与邻近空间单元可能存在的空间关联性，其表达式为：

$$I_i = \frac{(x_i - \overline{x})\sum_{j \neq i}^{n}W_{ij}(x_j - \overline{x})}{S^2}$$

I_i 为空间单元 i 的局部 Moran's I 系数。当 I_i 为正时，表示空间单元 i 周围表现为相似的空间集聚性（高—高集聚或者低—低集聚）；而当 I_i 为负时，表示空间单元 i 周围表现为非相似的空间集聚性（高—低集聚或者低—高集聚）。

第三，空间面板模型。传统的回归模型未考虑可能存在的空间效应对回归结果的影响，因此需要引入空间计量模型。空间计量模型主要用于处理回归模型中存在空间相关性或者空间差异性的计量方法。常用的空间计量模型有两种，分别是空间滞后模型（Spatial Lag Model，SLM）和空间误差模型（Spatial Error Model，SEM）。空间滞后模型主要探究因变量在某个地区是否存在溢出效应；空间误差模型主要研究模型的误差项是否存在空间相关性。

两种空间计量模型的公式如下：

空间滞后模型：$Y = \rho Wy + X\beta + \varepsilon$

空间误差模型：$Y = X\beta + \varepsilon$

$$\varepsilon = \lambda W\varepsilon + \mu$$

其中，Y 和 X 分别为因变量和影响因素，W 为空间权重矩阵。

（二）变量选择

生态效率追求经济与资源、环境的统一，强调以最低的资源消耗和最小的环境代价实现经济产出最大化。在实际测算效率的过程中，将成本型指标作为投入、收益型指标作为产出处理。因此，本部分兼顾数据可获得性、可计算性以及数据收集过程中统计口径的变化，从资源消耗、环境污染和经济发展总量三方面构建生态效率评价指标体系（见表 3 – 1）。

表 3 – 1　　　　　　　　生态效率测算指标体系

指标	类别	具体构成	说明
投入指标	环境污染	废水排放	废水排放总量
			化学需氧量
		废气排放	二氧化碳排放总量
			二氧化硫排放总量
		固废排放	工业固体废弃物排放总量
	资源消耗	土地消耗	城市建设用地面积
		人力消耗	从业人员
		能源消耗	能源消费总量
		水资源消耗	用水总量
产出指标	经济发展总量	国内生产总值	地区 GDP 总量

1. 资源消耗

关于资源消耗指标的选择，本部分分别从土地消耗、人力消耗、能源消耗和水资源消耗四个方面具体选择城市建设用地面积、从业人员、能源消费总量以及用水总量进行衡量。

2. 环境污染

根据排放物物理属性，环境污染排放物包括气体、液体和固体三种形态。依据指标变量选择的全面性原则，本部分选用废水排放、废气排放和固废排放来衡量环境污染。其中，废水排放具体选择废水排放总量和化学需氧量；废气排放具体选择二氧化碳排放总量和二氧化硫排放总量；而固废排放则用工业固体废弃物排放总量衡量。

3. 经济发展总量

经济发展的最终目的是为经济社会提供更多的商品和服务，鉴于此，本部分选用反映商品和服务经济价值的 GDP 来衡量经济发展总量。

（三）数据来源及处理

本部分搜集 2005—2015 年长江经济带 11 个省市的投入产出数据，所有原始数据来源于《中国统计年鉴》（2006—2016）、《中国能源统计年鉴》（2006—2016）、《中国环境统计年鉴》（2006—2016）以及中国统计局网站。为剔除价格因素的影响，运用 GDP 平减指数将 GDP 折算成以 2005 年为基期的不变价。此外，部分缺失数据选用线性插值法补齐。同时，为满足 DEA 模型对投入产出指标的个数要求，运用熵权法分别将五个环境污染指标和四个资源消耗指标合成环境污染综合指数和资源消耗综合指数。

三 长江经济带生态效率评价的实证结果分析

根据通用的区域划分方法，将长江经济带 11 个省市划分为上游、中游和下游三大区域。其中，上游包括重庆、四川、贵州和云南四个省市；中游包括安徽、江西、湖北和湖南四个省；下游包括上海、江苏和浙江三个省市。运用超效率 SBM 模型计算得到 2005—2015 年长江经济带11个省市的生态效率,结果如表3-2所示。

表3-2　　　　　2005—2015年长江经济带生态效率

年份	下游			中游				上游				均值
	上海	江苏	浙江	安徽	江西	湖北	湖南	重庆	四川	贵州	云南	
2005	1.819	1.386	1.121	0.425	0.451	0.388	0.344	2.426	0.325	0.205	0.599	0.863
2006	1.764	1.368	1.136	0.426	0.501	0.400	0.348	2.550	0.340	0.237	0.540	0.874
2007	1.957	1.369	1.139	0.405	0.466	0.385	0.343	2.796	0.330	0.258	0.486	0.903
2008	2.226	1.392	1.127	0.329	0.478	0.341	0.325	2.204	0.311	0.367	0.471	0.870
2009	2.379	1.400	1.141	0.304	0.451	0.324	0.302	2.016	0.290	0.411	0.448	0.860
2010	2.293	1.386	1.157	0.296	0.437	0.299	0.292	1.896	0.273	1.000	0.433	0.888
2011	2.730	1.384	1.185	0.272	0.391	0.277	0.287	1.770	0.260	1.096	0.364	0.911
2012	2.587	1.393	1.205	0.281	0.429	0.299	0.316	2.112	0.273	0.434	0.356	0.880
2013	2.628	1.396	1.190	0.281	0.396	0.324	0.333	2.216	0.089	0.429	0.347	0.875
2014	2.724	1.415	1.159	0.243	0.361	0.269	0.281	2.020	0.224	0.439	0.344	0.862
2015	2.882	1.421	1.148	0.229	0.369	0.276	0.282	1.984	0.215	0.460	0.354	0.874
均值	2.363	1.392	1.155	0.317	0.430	0.326	0.314	2.181	0.266	0.485	0.431	—

资料来源:笔者根据拟合结果整理得到。

(一) 长江经济带生态效率的动态演进规律

从整体层面看,2005—2015年长江经济带生态效率均值处于0.860—0.911,皆小于1,处于DEA非有效状态,说明2005—2015年长江经济带在经济发展与资源利用、环境保护间存在无效率现象,存在进一步改善的空间。2005—2015年长江经济带生态效率整体呈波浪状分布,波动变化趋势明显(结果如图3-1所示)。2005—2009年属于第一个波浪范围,其中,2005—2007年位于波浪的上升期,长江经济带生态效率从0.863上升到0.903;之后,进入此次波浪的下降期,长江经济带生态效率降低到最低值0.860;2009年以后,长江经济带生态效率进入第二个波浪上升期,其中,2011年长江经济带生态效率达到峰值0.911,之后进入第二波浪的下降期,长江经济带生态效率从0.911降低到0.862;而2014—2015年,长江经济带生态效率处于另一个波浪的上升期,但这种波动趋势有待时间的进一步验证。

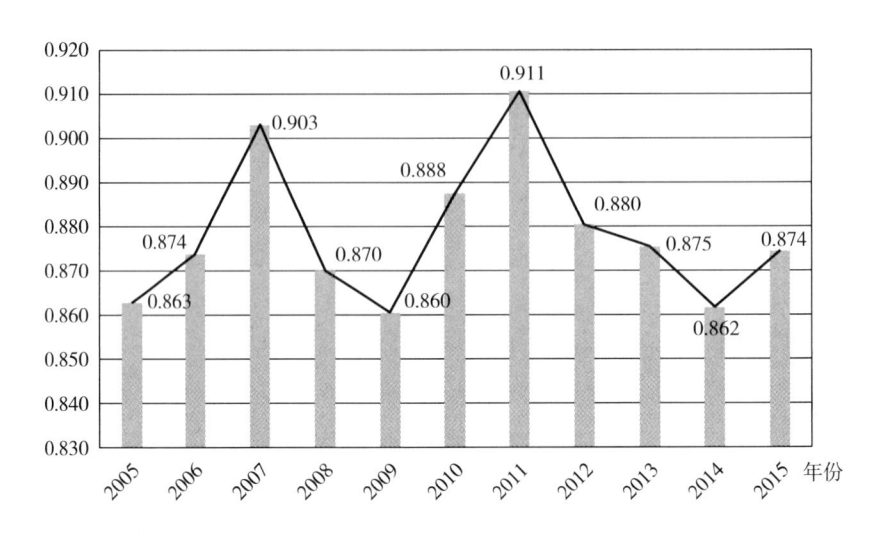

32 长江经济带高质量绿色创新的效率变革

图3-1 2005—2015年长江经济带生态效率的变化趋势

从区域层面看，2005—2015年长江经济带下游生态效率呈现上升趋势，且下游历年生态效率均值皆大于1，处于DEA有效状态，说明2005—2015年长江经济带下游省市在经济发展过程中，资源节约和环境保护工作取得了明显的改善。反观长江经济带中游和上游地区，2005—2015年生态效率均值皆小于1，处于DEA非有效状态；且上游地区生态效率从2005年的0.889降到2015年的0.753，降幅为15.30%；而中游地区生态效率从2005年的0.402降到2015年的0.289，降幅高达28.11%。长江经济带上游和中游地区生态效率的下降趋势表明这些地区的经济发展与资源环境矛盾愈加凸显，亟待改善（见图3-2）。

从具体省市层面看，2005—2015年贵州、上海、江苏和浙江四个省市的生态效率呈现上升趋势，其增幅分别为123.7%、58.4%、2.5%和2.4%，说明这些省市在处理经济发展与资源、环境间的关系方面取得了较好的效果。究其原因，这四个省市特别是贵州省正努力实现从重工业主导的经济结构向高端制造业以及现代服务业主导的经济结构的转变，产业结构得到优化，资源消耗大幅降低，能源利用效率改善明显，生态效率较高。而其他七个省市的生态效率呈现下降的趋势，其中降幅最大的是安徽、云南和四川，降幅分别为46.2%、40.9%

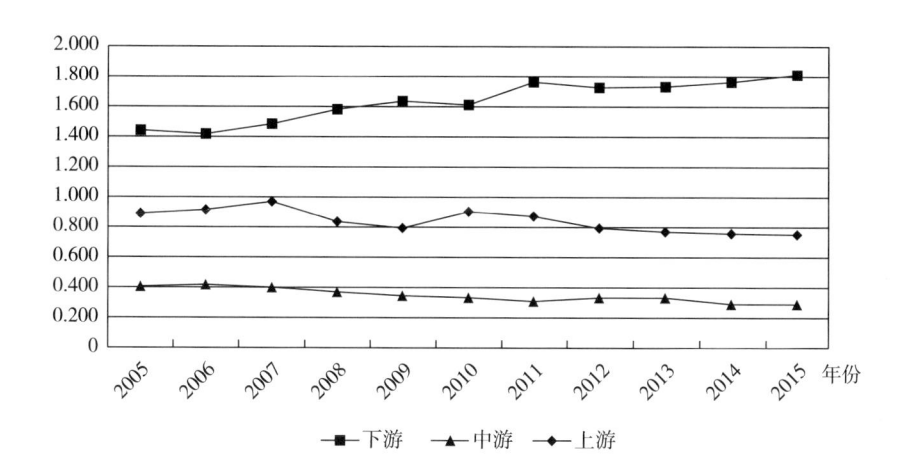

图 3-2　2005—2015 年长江经济带上游、中游、下游生态效率变化趋势

和 33.8%，它们在经济发展过程中主要以粗放式发展模式为主导，经济发展是建立在资源大量消耗和环境污染的基础上，从而导致生态效率不断下降。

（二）长江经济带生态效率的空间差异特征

1. 全局自相关指数

选用 ROOK 一阶邻接权重矩阵，运用 OpenGeoDa 软件对长江经济带 2005—2015 年全局自相关指数进行测算，结果如表 3-3 所示。

表 3-3　2005—2015 年长江经济带生态效率全局自相关指数

年份	2005	2006	2007	2008	2009	2010	2011	2012	2013	2014	2015
Moran's I	-0.037	-0.061	-0.063	0.070	0.130	0.117	0.157	0.136	0.112	0.159	0.164
Z 值	0.334	0.217	0.193	0.907	1.269	1.181	1.504	1.294	1.088	1.452	1.492

资料来源：笔者根据拟合结果整理得到。

从表 3-3 可知，2005—2007 年长江经济带生态效率全局自相关指数小于 0，但 2008—2015 年全局自相关指数大于 0，且逐步呈现增大的趋势，这说明生态效率在长江经济带范围内的空间集聚效应呈逐步加强趋势。

2. 局部自相关指数

为进一步了解长江经济带各省市生态效率的局部空间特征，绘制2005年、2010年和2015年三个年份的局部Moran散点图。需要说明的是，局部Moran散点图将地理空间单元划分为四个象限：第一象限为高—高（H—H）集聚区，即本空间单元与相邻空间单元的生态效率值均高，体现为扩散效应；第二象限为低—高（L—H）集聚区，表明本地区生态效率值低而临近空间单元生态效率值高，属于过渡区；第三象限为低—低（L—L）集聚区，说明本空间单元与相邻空间单元的生态效率值均低，属于低速增长区；第四象限为高—低（H—L）集聚区，意味着本地区生态效率值高而临近空间单元生态效率值低，体现为"虹吸效应"。

根据局部Moran散点图象限划分的依据，将长江经济带11个省市划分成四种类型，如表3-4所示。

表3-4　　长江经济带生态效率局部空间相关性聚类分析
（2005/2010/2015）

年份	2005	2010	2015
高—高（H—H）	浙江、上海、江苏	浙江、上海、江苏	浙江、上海、江苏
高—低（H—L）	重庆	重庆、贵州	重庆
低—高（L—H）	湖北、湖南、贵州、四川	湖南、四川	四川
低—低（L—L）	安徽、江西、云南	安徽、江西、湖北、云南	安徽、江西、湖北、湖南、贵州、云南

资料来源：笔者根据局部Moran散点图汇总得到。

第一，高—高（H—H）集聚区集中在长江经济带下游地区的浙江、上海、江苏三个省市。一直以来，这些地区得益于高质量的经济发展、合理的产业结构、先进的技术、高素质的就业人员等因素，经济发展与资源环境协调度较高，生态效率持续提高，且与周边地区形成良好的产业配套措施，能够更好地发挥辐射带动作用，从而表现出扩散效应。

第二，高—低（H—L）集聚区主要集中在重庆地区。重庆是我国的四大直辖市之一，其经济发展可以享受到国家诸多方面的优惠政策，从而对其他地区特别是周边地区的资本、技术人才形成"虹吸效应"，周边地区的生态效率往往较低。此外，需要指出，贵州地区曾短暂出现在高—低（H—L）集聚区，这可能是因为贵州实施的促进经济转型措施更偏向于短期效应，长期效果有待加强。

第三，低—高（L—H）集聚区主要集中在四川地区。由于四川与重庆相邻，具有"被辐射"的区位优势，如果能够与重庆形成良好的产业配套，其生态效率能够得到较大程度的提升。

第四，低—低（L—L）集聚区主要集中于长江经济带上中游的安徽、江西、云南等地区，且在空间上呈增多趋势。与下游地区相比，上中游地区经济对外资的吸引力较弱，经济薄弱，生产水平落后，环境保护力度不高，经济发展的资源环境代价极大，从而导致生态效率长期处于较低水平。

最后，分析长江经济带生态效率的空间演变格局，我们发现，生态效率较高的省市主要集中在下游的浙江、上海、江苏以及上游的重庆市，而生态效率较低的省市主要集中在上游和中游地区。

四 影响因素的识别与实证分析

（一）影响因素的识别

生态效率变化是多种影响因素共同作用的结果，因此，了解各因素对生态效率的影响机制对于提高生态效率十分重要。根据生态效率的内涵特征，结合已有研究成果，本部分重点分析城镇化水平、产业结构、对外开放、技术水平、环境规制、资源禀赋、所有制结构七个关键影响因素（见表3-5）。

1. 城镇化水平

一方面，大量人口会随着城镇化进程的推进而融入城市，这不可避免地会破坏自然生态系统，废水、废气等大量排放给环境以严重的负担，将不利于生态效率的提高；但另一方面，城镇化进程中的人口集聚促进了产业集聚，提高了产出，有助于改善生态效率。城镇化率是反映城镇化水平的重要指标，据此，本部分选用地区城镇人口与年

表3–5　　　　影响因素的测算指标、单位及预期方向说明

影响因素	测量指标	单位	预期
城镇化水平	地区城镇人口/年末总人口	%	待定
产业结构	第三产业增加值/国内生产总值	%	正
对外开放	进出口贸易总额/国内生产总值	%	正
技术水平	R&D人口/年末从业人员	%	正
环境规制	排污费征收额/工业增加值	%	待定
资源禀赋	采掘业从业人口/第二产业从业人口	%	负
所有制结构	国有控股工业企业工业销售产值/国内生产总值	%	负

末总人口的比值作为衡量城镇化水平的测量指标，作用方向有待验证。

2. 产业结构

以重工业为基础的第二产业具有能源投入高、污染物排放多等特点，第二产业在国民经济中的比重越高，其生态效率往往越低。而第三产业对于经济发展的服务效应、技术效应较第二产业具有更高的环境效益。本部分选取第三产业增加值占国内生产总值的比重作为产业结构的衡量指标，预期作用方向为正。

3. 对外开放

一方面，对外开放所引进的高端设备、丰富的管理经验等均存在溢出效应，东道国在对外开放过程中会受到溢出效应影响，生态效率将得到改善；另一方面，对外开放提高了东道国市场竞争的激烈程度，通过市场竞争机制将能耗高、污染严重的企业淘汰掉，提高了东道国生态效率。本部分选用进出口贸易总额与国内生产总值的比值作为对外开放的测量指标，预期方向为正。

4. 技术水平

内生经济理论认为技术进步是要素投入不变、产出增加的重要保证，即技术进步通过科技发明、制度创新、管理创新等方式提高资源利用效率，降低污染排放水平，进而实现生态效率的提高。劳动者素质是影响区域技术水平和创新能力的关键因素。据此，本部分选择R&D人口与年末从业人员的比重作为技术水平的衡量指标，对生态

效率的预期作用方向为正。

5. 环境规制

高标准的环境规制迫使企业内部化环境污染问题，提高了企业生产成本，降低了实际产出，降低了效率，即遵循成本效应。但与此同时，严格的环境规制会提高企业进行技术创新的动力，促使企业改进管理流程等创新行为，优化资源配置，提高生态效率，即创新补偿效应。本部分选用排污费征收额与工业增加值的比值作为环境规制的衡量指标，预期方向待定。

6. 资源禀赋

对于资源禀赋较高的地区，其生态效率往往较低。首先，丰富的资源能源使本地区采掘业及重化工行业得到大力发展，而高新技术等能耗低、污染轻的产业生存空间受到限制。其次，资源禀赋较高的地区，对人力资本的要求较低，技术含量不高的普通劳动工人就能满足经济发展的需求，高端人才储备不足。最后，资源禀赋较高的地区往往市场不健全，各利益集团间的博弈会使制度弱化，从而滋生"寻租"腐败现象。本部分选用采掘业从业人口与第二产业从业人口的比重作为资源禀赋的测量指标，预期方向为负。

7. 所有制结构

与私营企业相比，国有企业往往并不是以经济效益最大化为唯一目标，国有经济在追求利润的同时，更多的是关注其自身所承担的社会责任问题，如就业、教育、医疗等，往往被贴上了低效率的代名词。国有企业在国民经济中越活跃，越不利于提高生态效率。本部分选用国有控股工业企业工业销售产值与国内生产总值的比值作为所有制结构的衡量指标，预期方向为负。

（二）实证结果分析

通过空间自相关分析，发现生态效率在一定时期内存在全局自相关或者局部自相关，因此，探索长江经济带生态效率的影响因素需要考虑到可能存在的空间效应。首先要对没有空间交互效应的面板数据进行回归（主要包括混合 OLS 回归、时间固定效应的 OLS 回归、空间固定效应的 OLS 回归、时间和空间双固定的 OLS 回归），确定是否具有因变量的空间相关性或者空间误差相关性，结果如表 3-6 所示。

表 3-6　没有空间交互效应的生态效率影响因素回归结果

	混合 OLS	空间固定	时间固定	空间和时间固定
城镇化水平	2.933379 ** (2.357385)	-2.567370 *** (-5.179670)	7.875903 *** (6.005906)	-4.567543 *** (-5.026448)
产业结构	1.874446 (1.399219)	2.453887 *** (3.981972)	3.278737 *** (2.782501)	2.301168 *** (3.918634)
对外开放	0.313576 (1.280798)	-0.483820 *** (-2.750878)	-0.831079 *** (-2.880873)	-0.437008 ** (-2.401391)
技术水平	-3.762144 (-0.525875)	4.622633 * (1.700993)	-17.621225 ** (-2.162548)	0.756439 (0.210218)
环境规制	10.039777 (0.264312)	-22.130417 ** (-2.070956)	24.102407 (0.675467)	-11.163862 (-1.003301)
资源禀赋	1.107200 (0.752264)	-0.637437 (-0.751711)	4.935740 *** (3.536637)	-1.236892 (-1.494927)
所有制结构	-0.467007 (-0.837696)	-0.594982 (-1.398951)	-2.815346 *** (-4.650854)	-0.919433 * (-1.979083)
R^2	0.5874	0.4080	0.6990	0.5157
	0.2582	0.0183	0.1866	0.0148
LM-lag 检验	10.0224 ***	8.7059 ***	14.3148 ***	18.5789 ***
稳健 LM-lag 检验	122.9179 ***	13.8542 ***	6.0680 **	0.0923
LM-err 检验	1.2792	5.0516 **	9.7455 ***	19.0475 ***
稳健 LM-err 检验	114.1747 ***	10.1999 ***	1.4987	0.5609

注：***、** 和 * 表示统计量分别在 1%、5% 和 10% 的水平上显著；括号中为 t 值，下同。

由表 3-6 可知，在非空间交互效应的面板模型中，混合 OLS 模型、空间固定效应的 OLS 模型、时间固定效应的 OLS 模型、同时包含空间和时间固定效应的 OLS 模型中的 LM-lag 检验和 LM-err 检验在不同的显著性水平下基本通过了检验，均不能拒绝不存在空间滞后项或不存在空间误差项的原假设，说明生态效率在长江经济带范围内存在空间效应。

同时，时间固定效应的OLS模型具有最高的R^2值，且各影响因素的回归系数效果较理想，是拟合效果最好的模型。此外，在空间滞后模型和空间误差模型的具体选择上，发现具有时间固定效应的模型中，其LM-lag检验较LM-err检验更显著，且稳健LM-lag检验通过显著性检验，而稳健LM-err检验则未能通过显著性检验，故而最终选择具有时间固定效应的空间滞后模型进行长江经济带生态效率影响因素的面板估计，结果如表3-7所示。

表3-7　　　　　时间固定的空间滞后模型回归结果

影响因素	系数	T统计量	P值
城镇化率	7.148508***	6.651798	0.000000
产业结构	4.153352***	4.316055	0.000016
对外开放	-0.612081**	-2.504452	0.012264
技术进步	0.254428	0.037220	0.970310
环境规制	18.648129	0.640659	0.521744
资源禀赋	4.695472***	4.123771	0.000037
所有制结构	-2.934003***	-5.938788	0.000000
R^2	0.7876		
σ^2	0.1241		

根据表3-7得出如下几条结论：

第一，城镇化水平对生态效率的影响为正，弹性系数为7.149，且在1%的显著性水平上通过检验，提高城镇化水平有助于促进生态效率。这说明，目前我国城镇化进程所形成的产业集聚效应已经超过了其对自然生态效率的破坏以及废水、废气等的大量排放给环境造成的负担，提高我国城镇化水平对生态效率表现为促进作用。

第二，产业结构对生态效率的影响为正，影响系数为4.153，且在1%的显著性水平上通过检验，与预期一致。当前长江经济带的经济发展方式依然是建立在资源浪费和环境污染上的粗放型发展方式，以第二产业为主导的产业结构不利于生态效率提升。因此，提高第三产业比重、促进产业结构优化升级是实现长江经济带生态文明建设的重要途径。

第三,对外开放对生态效率的影响为负,弹性系数为-0.612,且在5%的显著性水平上通过检验,与预期正好相反。对此可能的解释是,国际分工是对外贸易的基础,但对发展中国家而言,往往对外出口劳动密集型、资源密集型产品,对外开放将使发展中国家固化在高能耗、高污染的产业链节点上,不利于改善生态效率。

第四,技术进步对生态效率的影响为正,其系数为0.254,与预期相一致。技术进步通过新设备、新工艺等"硬技术进步"以及劳动力素质提高、管理水平改进等"软技术进步",在降低投入的同时,使非期望产出减少、期望产出增加,提高了生态效率。但与此同时,技术进步会产生回弹效应,从而提高了能源消费量,进而不利于生态效率的提高。这可能是导致技术进步对生态效率的促进作用未能通过显著性检验的原因。

第五,环境规制对生态效率的影响为正,弹性系数为18.648,但未能通过显著性检验。这说明,当前环境规制对生态效率的创新补偿效应超过其遵循的成本效应,提高环境规制强度有助于改善生态效率。

第六,资源禀赋对生态效率的影响为正,影响系数为4.695,且在1%的显著性水平上通过检验,且与预期方向相反。对此可能的解释是:丰富的自然资源虽会因为"资源诅咒"导致资源型产业锁定、高端人才储备不足以及"寻租"腐败等现象,但丰富的自然资源会在短时间内给长江经济带来大量的物质财富,为提高生态效率提供了可能。

第七,所有制结构对生态效率的影响为负,其系数为-2.934,且在1%的显著性水平上通过检验,与预期一致。国有经济因为要兼顾到就业以及社会责任等问题,往往是低效率的代名词,因此,以国有经济为主导的所有制结构不利于生态效率的改善。

五 基本结论

本章对2005—2015年长江经济带11个省市的生态效率展开测

算，从时间和空间角度分析长江经济带生态效率的演变规律，并从空间视角探索不同因素对生态效率的影响机制。具体结论如下：总体上看，样本期内，长江经济带生态效率波动变化趋势明显，但历年均值皆小于1，说明经济发展与资源利用、环境保护间处于非有效状态，存在进一步改善的空间；时序上看，长江经济带生态效率整体呈波浪状分布，且波动变化趋势明显，下游生态效率呈现上升趋势，而上游和中游生态效率则呈下降趋势；分省市看，长江经济带生态效率变化差异明显，贵州、上海、江苏和浙江四个省市生态效率呈现上升趋势，说明这四个省市的经济发展与资源、环境间的关系得到缓和；而以安徽、云南和四川为代表的七个省市的生态效率呈现下降趋势，说明这些省市的经济发展与资源环境间的矛盾恶化，亟待改善；空间相关性检验显示，长江经济带生态效率全局空间集聚度不断增强，高—高集聚区集中在下游的浙江、江苏和上海三个省市，高—低集聚区体现在重庆市，而低—低集聚区和低—高集聚区则集中在上游和中游地区；空间滞后模型显示，提高城镇化水平、优化产业结构、促进技术进步、提高环境规制强度以及丰富的自然资源有助于改进生态效率，而提高国有经济在经济主体中的比重则不利于改善长江经济带的生态效率。

第四章　长江经济带科技金融结合效率的时空分异特征及影响因素[*]

促进科技金融深度结合，优化科技金融资源配置，对推动国家创新体系建设具有重要意义。利用 DEA-Malmquist 指数法，对长江经济带 11 个省市 2009—2015 年的样本数据进行分析，探讨其科技金融结合效率的时空演变规律，并结合 Tobit 回归模型探究影响长江经济带科技金融结合效率的关键因素。研究结果显示：长江经济带科技金融结合效率变化指数均值为 1.005，处于 DEA 有效状态；从时间变化规律来看，科技金融结合效率呈上升趋势，但其增长速率逐渐降低；从效率分解情况来看，技术进步、纯技术效率以及规模效率对科技金融结合效率的影响存在一定差异，其中，技术进步的影响最为显著；从空间分布与区域差异情况来看，"高—高"型省市主要包括云南、安徽，"高—低"型省市主要包括湖南、浙江，"低—高"型省市主要包括湖北、贵州、江苏、上海，"低—低"型省市主要包括四川、江西、重庆；从影响因素来看，科技发展规模、政府扶持力度以及金融业资本规模对科技金融结合效率产生了积极影响，金融业市场效率对科技金融结合效率产生了负面影响，科技投入力度以及金融机构规模则与科技金融结合效率关联不显著。

---

[*] 本章主要内容刊载于徐烁然、杨丽莎、付丽娜《长江经济带科技金融结合效率的时空分异特征分析》，《商业经济研究》2018 年第 21 期。

一 研究背景

科技金融是国家创新系统和金融体系的重要组成部分，是促进科技开发、成果转化和高新技术产业发展的重要引擎。科技金融结合效率是指一定的科技和金融资源投入与其实际有效产出之间的比率，反映的是科技金融资源配置的有效程度。长江经济带是中国创新驱动发展的重要策源地和科技金融改革创新的重要试验区。推进科技与金融深度结合，提高科技金融结合效率，有利于破解科技、金融"两张皮"的问题，在一定程度上化解长江经济带科技金融发展和创新驱动发展的区域不平衡，能够全面提升长江经济带的科技创新水平和金融市场服务能力，为长江经济带经济建设的提质增效提供重要支撑。

目前，针对科技金融概念的界定，国内外学者尚未形成统一定论。但大多数观点认为，科技金融是科技领域与金融领域的有机结合与深度融合，是由金融产品创新引起的技术创新以及由技术创新活动导致的金融服务创新（房汉廷，2010；Keuschning，2004；Pere，2012）。科技与金融之间是相互影响、相互促进的关系。一方面，金融产品和服务创新的不断加快，对技术创新与技术进步会产生积极影响（Jeong，2007），并且，对于具有良好且完善的资本市场与融资渠道的国家，其高技术企业的技术创新能力与科技水平也更加优异（Po-Hsuan Hsu et al.，2014；Caterina，2012）。另一方面，科技创新使现代信息技术广泛应用于金融系统，有效推动了金融产品服务的创新与金融业盈利能力的提升（Frame and White，2009；Seokchin，2016）。

关于科技金融结合效率的研究主要包括两个方面：第一，在科技金融结合效率评价指标构建和评价方法选择方面，现有研究主要从省际层面出发，围绕金融投入、创新环境、创新产出等维度，利用科研经费、科研机构数量、金融资本、专利授权数、高技术产业主营业务收入等指标，对各省市科技金融结合效率水平及其区域差异情况进行分析，其评价模型多采用DEA-Malmquist指数法、多阶段DEA、SE-DEA等方法（曹颢等，2011；叶莉等，2015；戴志敏等，

2017)。第二，在科技金融结合效率的影响因素分析方面，现有研究主要围绕金融与科技两个方面进行探讨，指出科技投入、金融中介、风险资本等因素对科技金融结合效率产生正面影响，其研究方法则主要包括 DEA – Tobit 回归、贝叶斯随机前沿模型、空间杜宾计量模型等（陈敏、李建民，2012；薛晔等，2017）。总体来说，现有研究存在的主要问题包括：一是从研究方向来看，国内外现有文献资料对科技金融的探讨多集中于金融与科技创新作用关系、科技金融政策等领域，针对科技金融结合效率评价与影响因素分析的高水平研究相对不足，且多为省市及全国层面的探讨，以城市集群、特定经济区或经济带为研究对象的分析较为缺乏。二是在效率评价指标构建上，主要围绕"投入＋产出"或"投入＋环境＋产出"的维度构建。但是，大多数产出指标中往往把科技论文数量、国家级科技奖励数等与科技金融实际影响效应关联较低的指标纳入评价指标体系，忽视了创新创业链条的关键环节，最终降低了模型评价结果对现实问题的指导价值。

综上所述，本部分以长江经济带这一跨区域经济带为研究区域对象，并且创新性地将发明专利授权数、技术合同交易额和高新技术产业主营业务收入三个反映创新创业链条关键环节状态的指标纳入产出指标，利用 DEA – Malmquist 指数法对其 2009—2015 年的样本数据进行实证分析，探讨长江经济带科技金融结合综合效率及其分解效率的时间变化规律、空间分布特点与区域差异。在此基础上，结合 Tobit 回归分析方法，探究影响长江经济带科技金融结合效率的关键因素。

二 研究模型的设计

（一）研究方法

Malmquist 指数最早由瑞典经济学家 Sten 提出，经过多年的发展与完善，其应用范围不断扩大，目前基于 DEA 模型的 Malmquist 指数法已成为各领域绩效评价的常用研究方法与计量分析模型。相比于传统的 DEA – CCR 模型以及 DEA – BCC 模型，DEA – Malmquist 指数法能有效探讨同一决策单元在不同时期的相对效率与动态变化规律，其研究范围更广,模型局限更小。利用 DEA – Malmquist 指数法,全要素生产率变化指数(TFPC),在不变规模报酬(CRS)假定下,综合效率变化指数能有效分解为技术进步变化指数(TC)与技术效率变化指数(EC),在可变规模报酬(VRS)假定下,技术效率变化指数可进一步分解为纯技术效率变化指数(PTEC)与规模效率变化指数(SEC)。模型表达式为:

$$TFPC = EC \times TC = PTEC \times SEC \times TC$$

其中,全要素生产率变化指数反映决策单元综合效率(绩效)在 t 至 $t+1$ 时刻的变动情况,技术进步变化指数反映决策单元在 t 至 $t+1$ 时刻技术革新进步的程度,技术效率变化指数反映决策单元在 t 至 $t+1$ 时刻要素资源配置与利用的变动情况,纯技术效率变化指数反映纯技术效率在影响决策单元有效中所占的比例,而规模效率变化指数则反映决策单元规模在 t 至 $t+1$ 时刻是否达到最优。各指数计算公式为:

$$技术进步变化指数 = \left[\frac{D_c^t(X^{t+1}, Y^{t+1})}{D_c^{t+1}(X^{t+1}, Y^{t+1})} \times \frac{D_c^t(X^t, Y^t)}{D_c^{t+1}(X^t, Y^t)} \right]^{\frac{1}{2}}$$

$$技术效率变化指数 = \frac{D_c^{t+1}(X^{t+1}, Y^{t+1})}{D_c^t(X^t, Y^t)}$$

$$纯技术效率变化指数 = \frac{D_v^{t+1}(X^{t+1}, Y^{t+1})}{D_v^t(X^t, Y^t)}$$

$$规模效率变化指数 = \left[\frac{D_c^t(X^{t+1}, Y^{t+1})/D_v^t(X^{t+1}, Y^{t+1})}{D_c^t(X^t, Y^t)/D_v^t(X^t, Y^t)} \times \frac{D_c^{t+1}(X^{t+1}, Y^{t+1})/D_v^{t+1}(X^{t+1}, Y^{t+1})}{D_c^{t+1}(X^t, Y^t)/D_v^{t+1}(X^t, Y^t)} \right]^{\frac{1}{2}}$$

其中,下标 c 和 v 分别表示 CRS 和 VRS,(X^t, Y^t) 表示决策单元在 t 时刻的投入产出向量,(X^{t+1}, Y^{t+1}) 表示决策单元在 $t+1$ 时刻的投入产出向量,D_c^t、D_c^{t+1}(D_v^t、D_v^{t+1})则分别表示规模报酬不变(规模报酬可变)条件下,决策单元在 t、$t+1$ 时刻的距离函数。此外,全要素生产率变化指数、技术进步变化指数、技术效率变化指数、纯技术效率变化指数、规模效率变化指数均表示其效率值在 t 至 $t+1$ 时刻的变动情况,因此若相关指数值大于1,则代表其效率在 t 至 $t+1$ 时刻实现增长;反之,若相关指数值小于1,则代表其效率在 t 至 $t+1$ 时刻实现下降。

(二)变量选择

根据科技金融系统的基本框架,基于数据可得、可计算、操作可行、系统有效的基本原则，从投入产出两个维度构建科技金融结合效率评价指标体系。

1. 投入指标

在投入指标方面，本部分主要选取财政科技投入金额、金融业从业人员数量以及银行业金融机构各项贷款（余额）三项指标进行评价。其中，财政科技投入金额代表政府对科技发展的金融支持力度，金融业从业人员数量反映科技金融建设中人才智力资源的投入情况，同时创新性地加入银行业金融机构各项贷款（余额）指标，反映社会部分融资的规模与金融业发展的水平，从人力与资本两个方面、政府与社会两个层级有效衡量科技金融发展的投入情况。

2. 产出指标

科技金融产出指标主要衡量科技金融结合所取得的成果与效益。本部分从创新创业链条中的发明—技术转移—成果转化和产业化三个关键环节，选择发明专利授权数、技术市场成交额以及高新技术产业主营业务收入三个重要指标作为评价科技金融产出情况的量化指标。指标选取主要基于以下考量：发明专利授权数有效衡量科技金融的直接成果规模，技术市场成交额以及高新技术产业主营业务收入则衡量科技金融的间接产出成果，前者反映科技金融建设对技术交易的促进作用，后者则代表科技金融建设对科技成果产业化的影响情况。

综上所述，长江经济带科技金融结合效率评价指标体系如表4-1所示。

表4-1　　　　　　　科技金融结合效率评价指标体系

类别	评价指标	单位
投入指标	财政科技投入金额	亿元
	金融业从业人员数量	万人
	银行业金融机构各项贷款（余额）	亿元
产出指标	发明专利授权数	项
	技术市场成交额	亿元
	高新技术产业主营业务收入	亿元

(三) 数据来源及处理

从地理条件来看，长江经济带主要包括上游（重庆、四川、贵州、云南）四个省市、中游（湖北、湖南、江西）三个省市，以及下游（上海、江苏、浙江、安徽）四个省市，贯通和衔接全国东中西三大区域，是中国内河文明发展的重要经济脊梁，也是黄金水道战略发展的重要内生引擎，对全国经济发展、创新建设、生态示范与技术进步产生重要影响。本部分以长江经济带的 11 个省市为研究对象，根据《中国统计年鉴》《中国高技术统计年鉴》《中国金融数据库》《中国金融统计年鉴》等相关资料，收集并整理指标样本数据，探究长江经济带科技金融结合效率的时空分异特征和影响因素。

三　长江经济带科技金融结合效率评价的实证结果分析

(一) 科技金融结合效率的时间演变规律

如表 4-2 所示，2009—2015 年长江经济带科技金融结合效率变化指数均值为 1.005，变化指数大于 1，实现正向增长，科技金融建设取得一定成效。从变动趋势来看，长江经济带科技金融结合效率变化指数的波动较为剧烈，整体呈"W"形下降趋势，由 2009/2010 年的 1.018 降至 2014/2015 年的 1.005，因此科技金融结合效率虽保持上升趋势，但其增长速率逐渐减缓，科技金融建设仍处于探索提升阶段。从各省市的效率情况来看，长江经济带科技金融建设存在较大的区域性差异。云南、湖北、安徽、贵州等地区的科技金融结合效率变化指数均值大于 1，即保持上涨态势，且变化指数相对较高，科技金融结合效率提升速度较快。其原因可能为：随着中部崛起、西部大开发等战略及规划的深入开展，上述地区正处于科技金融结合发展的关键期与提速期，财政政策以及相关资源进一步倾斜，其科技金融结合效率的增长速度进一步加快。重庆、四川、江西、上海等地区的变化指数均值小于 1，科技金融结合效率总体呈下降趋势，科技金融结合发展任重道远；其他地区的科技金融结合效率虽呈上升趋势，但增长速率相对较小，科技金融建设进程有待加快。

表4-2　　　　长江经济带各省市科技金融结合效率

地区	2009/2010	2010/2011	2011/2012	2012/2013	2013/2014	2014/2015	均值
重庆	1.072	0.944	0.974	0.995	1.036	0.946	0.995
四川	1.008	0.985	1.001	1.005	0.991	1.003	0.999
贵州	1.019	0.971	1.028	1.009	1.007	1.016	1.008
云南	1.019	0.979	1.079	1.003	1.015	1.038	1.022
上游	1.030	0.970	1.021	1.003	1.012	1.001	1.006
湖北	1.006	0.985	1.036	1.054	1.006	1.019	1.018
湖南	1.025	0.991	1.016	0.985	0.995	1.005	1.003
江西	0.995	1.011	1.001	0.977	0.991	1.017	0.999
中游	1.009	0.996	1.018	1.005	0.997	1.014	1.006
上海	0.988	0.985	0.998	0.996	1.005	1.001	0.996
江苏	1.018	1.004	1.008	0.998	0.984	1.002	1.002
浙江	1.009	0.993	1.015	0.992	0.985	1.008	1.000
安徽	1.043	1.045	1.008	1.000	0.990	1.000	1.014
下游	1.015	1.007	1.007	0.997	0.991	1.003	1.003
总体	1.018	0.990	1.015	1.001	1.000	1.005	1.005

从长江经济带上中下游的变动趋势来看，如图4-1所示，上游地区科技金融结合效率变化指数均值为1.006，整体呈增长态势，但增长速率波动幅度较大，且2010/2011年仅为0.970，为负增长，科技金融发展稳定性有待加强；中游地区科技金融结合效率变化指数呈"W"形波动趋势，与长江经济带总体水平及变动趋势最为接近，科技金融市场建设尚不稳定；下游地区科技金融结合效率变化指数均值为1.003，增长速度相对较慢，且2012/2013年、2013/2014年变化指数仅为0.997、0.991，表现出一定的下降趋势，科技金融结合效率仍有较大提升空间。

第四章 长江经济带科技金融结合效率的时空分异特征及影响因素 49

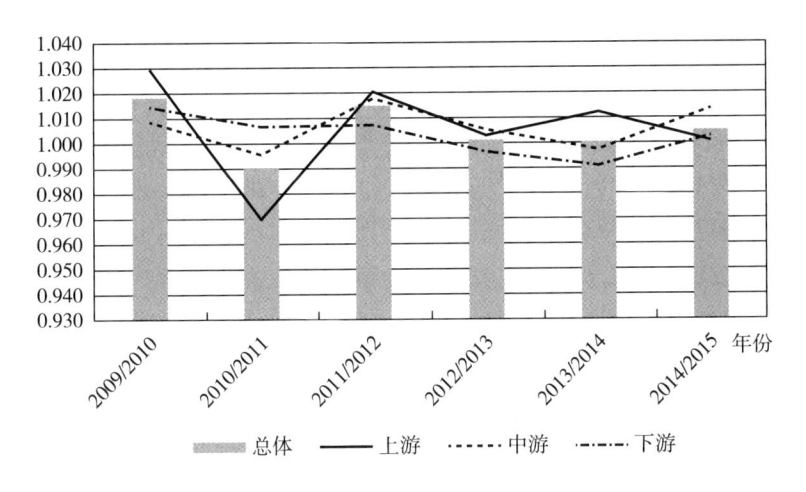

图 4-1 长江经济带上中下游科技金融结合效率变化指数

根据模型评价结果，将科技金融结合效率变化指数分解为技术效率变化指数与技术进步变化指数，其中技术效率变化指数可进一步分解为纯技术效率变化指数与规模效率变化指数。如表 4-3 所示，长江经济带科技金融技术进步变化指数为 1.003，规模效率变化指数为 1.002，变化指数均大于 1 即实现增长，纯技术效率变化指数为 1.000，即效率不变；这表明，长江经济带科技金融发展较好，各指标基本保持上升趋势，整体实现技术进步与规模优化，但改善速度相对较低且资源配置与利用效率有待增强。从上中下游的分解情况来看，上游地区的技术进步变化指数、纯技术效率变化指数与规模效率变化指数分别为 1.002、1.001、1.003，均保持上升趋势，各分解效率值较为接近，发展较为均衡，但效率值水平相对较低；中游地区受技术进步变化指数的影响最为显著，即科技金融结合效率的增长主要依赖技术的进步与革新；下游地区的纯技术效率变化指数仅为 0.999，资源利用模式有待优化。

从各省市的分解情况来看（见表 4-3），重庆、四川、湖南、江西、浙江等地区技术进步变化指数均小于 1，表现为下降趋势，进一步加强科技创新活动、提高科学技术水平刻不容缓；湖南、上海等地区纯技术效率较低，资源配置与专业化分工问题有待解决。此外，上海作为中国金融中心，在人才、资金、平台等资源条件方面具有较大优势，但其除技术进步变化指数为 1.001 之外，全要素生产率变化指数、纯技术效率变化指数与规模效率变化指数仅为 0.996、0.996 和 0.999，在长江经济带 11 个省市中处于落后水平。其原因可能为：相比其他地区正处于经济建设与技术发展的机遇期与成长期，上海科技金融建设已形成一定规模，其效率增速逐渐放缓，现有政策工具与运行模式已无法满足本地区科技金融发展需求，应积极融入全球发展新视野，借鉴学习国际成功经验，创新科技金融建设新模式。

表 4-3　　长江经济带各省市科技金融结合效率分解情况

地区	技术效率	技术进步	纯技术效率	规模效率	全要素生产率
重庆	1.000	0.993	1.000	1.000	0.993
四川	1.000	0.999	1.000	1.000	0.999
贵州	1.000	1.008	1.000	1.000	1.008
云南	1.015	1.007	1.005	1.010	1.022
上游	1.004	1.002	1.001	1.003	1.006
湖北	1.000	1.017	1.000	1.000	1.017
湖南	1.004	0.999	0.999	1.005	1.003
江西	1.000	0.999	1.000	1.000	0.999
中游	1.001	1.005	1.000	1.002	1.006
上海	0.995	1.001	0.996	0.999	0.996
江苏	1.000	1.002	1.000	1.000	1.002
浙江	1.002	0.999	1.000	1.001	1.000
安徽	1.009	1.005	1.000	1.009	1.014
下游	1.001	1.002	0.999	1.002	1.003
总体	1.002	1.003	1.000	1.002	1.005

从长江经济带科技金融分解效率的变动趋势来看，如图 4-2 所示，技术进步变化指数于 2010/2011 年下降至 0.987，下降幅度较大，随后略有回升并逐渐趋于平缓，技术发展有待增强；纯技术效率变化指数由 2009/2010 年的 0.997 上升至 2014/2015 年的 0.999，中间略有波动，呈倒"V"形变动趋势；规模效率变化指数增减波动较为频繁，科技金融规模尚未实现最优化。此外，对比全要素生产率变化指

数、技术进步变化指数、纯技术效率变化指数以及规模效率变化指数的大小与变动趋势可以发现，各分解效率均对全要素生产率变动产生一定影响，但作用程度存在较大差异，其中技术进步的影响最为显著。

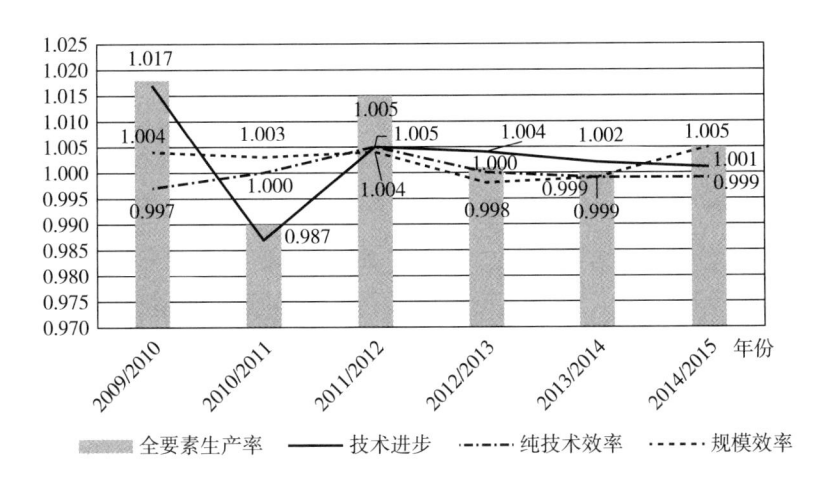

图4-2 2009—2015年长江经济带科技金融结合效率分解情况

（二）科技金融结合效率的空间分布特征及区域差异

本部分进一步探讨科技金融结合效率变化与技术效率变化指数以及技术进步变化指数间的关系，分析长江经济带科技金融结合效率的空间分布情况。根据上述两种指数评价结果的对比情况，将长江经济带11个省市划分为"高—高"型、"高—低"型、"低—高"型以及"低—低"型四大类，其分类模式如图4-3所示。

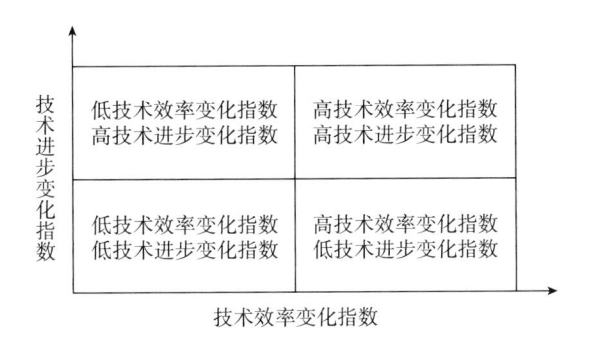

图4-3 长江经济带科技金融结合效率分类

参考现有相关文献资料,结合长江经济带科技金融发展实际,以 1.001 为临界值,对长江经济带科技金融结合效率进行划分,如表 4-4 和图 4-4 所示。

表 4-4　　　　　长江经济带科技金融结合效率分类

科技金融结合效率类型	包含地区
高技术效率变化指数、高技术进步变化指数	云南、安徽
高技术效率变化指数、低技术进步变化指数	湖南、浙江
低技术效率变化指数、高技术进步变化指数	湖北、贵州、江苏、上海
低技术效率变化指数、低技术进步变化指数	四川、江西、重庆

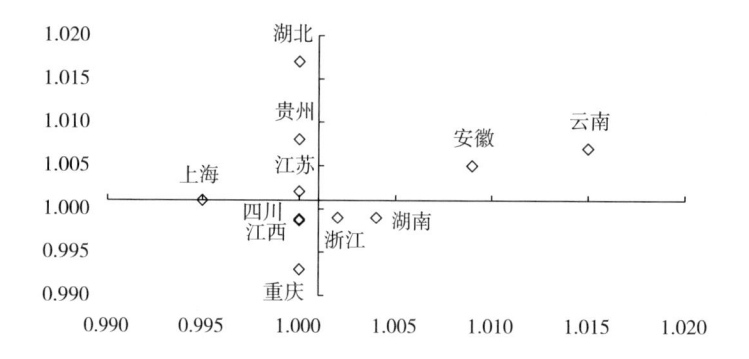

图 4-4　长江经济带科技金融结合效率空间分布情况

第一,"高—高"型省市主要包括云南、安徽两省,上述地区技术效率变化指数与技术进步变化指数均优于临界值 1.001,在长江经济带 11 个省市中排在前列,科技金融结合效率水平较高,合理的资源配置与技术进步推动了两省科技金融的快速发展。第二,"高—低"型省市主要包括湖南、浙江两省,上述地区仅技术效率变化指数优于临界值 1.001,技术进步水平相对较差,抑制了科技金融结合效率的提升,增强技术水平刻不容缓。第三,"低—高"型省市主要包括湖北、贵州、江苏、上海等地区,上述区域主要通过技术进步促进科技金融高速发展,但技术效率变化指数未达到临界值 1.001,资源配置与利用效率有待改善,科技金融市场仍不成熟。第四,"低—低"型省市主要包括四川、江西、重庆三个地区，上述区域技术效率变化指数与技术进步变化指数均未达到临界值 1.001，且技术进步变化指数仅为 0.999，小于 1，未实现技术进步，科技金融结合效率水平较差，技术退步、资源配置不合理、利用率低等问题共同阻碍该地区科技金融的发展。

四 影响因素的识别与实证分析

（一）影响因素的识别

科技金融是科技资源与金融资源、科技行业与金融行业、科技市场与金融市场的有机结合，其结合效率水平的高低受到科技行业、政府部门、金融行业等相关领域的影响。因此，本部分围绕科技、金融、政府三个层面选取相应指标对长江经济带科技金融结合效率的影响因素进行分析。

一是科技进步水平。科技投入力度与科技发展规模反映了技术市场发展的"数量"与"质量"，科技投入力度越强、科技发展规模越大，则技术发展越成熟。成熟的技术能够有效推动金融业发展的信息化与数字化，进一步创新金融产品，提高金融业运行效率与运营效益，促进科技与金融融合发展。本部分选取 R&D 经费投入强度以及 R&D 人员全时当量两项指标代表科技投入力度因素与科技发展规模因素，从"人力""资本"两个基本要素探讨"科技"因素对科技金融发展的影响情况。

二是政府扶持力度。政府通过财政补贴、政策引导、制度规范等方式，充分发挥其宏观调控职能，有效完善和健全科技金融市场，加快推进科技金融发展进程。本部分主要以财政科技投入占比为研究指标，合理探讨政府扶持力度因素对科技金融发展的作用机制。

三是金融市场发展水平。其主要包括金融业发展规模和金融业成熟度两个方面。成熟且健全的金融市场以及不断扩大的金融规模，为科技型企业发展提供有效的融资渠道与完善的金融服务，进一步推动科技产业建设，从而提高科技金融结合效率。本部分选取金融机构数量指标代表金融机构规模,以中长期贷款指标代表金融业资本规模,以金融机构贷款与存款比值指标代表金融业市场效率,并以此反映金融业成熟度,分析"金融"因素对科技金融结合效率的影响情况。

综上所述,长江经济带科技金融结合效率的影响因素指标体系如表4-5所示。

表4-5　长江经济带科技金融结合效率的影响因素指标体系

变量类别	影响因素	研究指标	符号
自变量	科技投入力度	R&D经费投入强度	K
	科技发展规模	R&D人员全时当量	H
	政府扶持力度	财政科技投入占比	GOV
	金融机构规模	金融机构数量	FIN
	金融业资本规模	中长期贷款	CRE
	金融业成熟度	金融机构贷款与存款比值	D
因变量	科技金融结合效率	科技金融结合效率	TFP

(二) 研究方法

与传统的离散型或连续型方程模型不同,Tobit回归分析法主要针对因变量的受限和截断问题,最早由诺贝尔奖获得者James Tobin提出,Tobit回归模型可分为代表约束条件的选择模型和实现约束条件的连续模型两种。模型基本公式为:

$$Y = \begin{cases} Y^* = \alpha + \beta X + \varepsilon & (Y^* > 0) \\ 0 & (Y^* \leq 0) \end{cases}$$

其中,Y为截断因变量向量,X为自变量向量,α为截距项向量,β为模型参数向量,ε为随机干扰项。在此基础上,为进一步减少和消除模型测算误差、提高评价结果可信度与有效度,本部分对相关指标数据作对数处理,针对长江经济带科技金融结合效率的影响因素分析构建Tobit方程模型,为:

$$E_{it} = \beta_i + \beta_2 \ln K_{it} + \beta_3 \ln H_{it} + \beta_4 \ln GOV_{it} + \beta_5 \ln FIN_{it} + \beta_6 \ln CRE_{it} + \beta_7 \ln D_{it} + \varepsilon_{it}$$

其中,E_{it}代表科技金融结合效率,即基于DEA-Malmquist指数法测算出的科技金融结合效率。K、H、GOV、FIN、CRE、D 分别表示科技投入力度、科技发展规模、政府扶持力度、金融机构规模、金融业资本规模以及金融业市场效率。β_i 在面板 Tobit 混合效应模型以及面板 Tobit 随机效应模型中为定值常数,而在固定效应模型中则为各观测值的模型系数。ε_{it} 表示随机扰动项。

(三) 实证结果分析

以科技金融结合效率为因变量,以科技投入力度、科技发展规模、政府扶持力度、金融业发展规模、金融业成熟度为自变量,对长江经济带 11 个省市科技金融 2009—2015 年的样本数据进行 Tobit 回归分析,模型测算结果如表 4-6 所示。

表 4-6 长江经济带科技金融结合效率影响因素 Tobit 回归结果

变量指标	面板 Tobit 混合效应模型	面板 Tobit 固定效应模型	面板 Tobit 随机效应模型
K	0.00396 (0.0457)	-0.0521 (0.0426)	0.00206 (0.0450)
H	0.00901 (0.0492)	0.598*** (0.170)	0.1830*** (0.0581)
GOV	1.596** (0.605)	2.332*** (0.713)	-0.742 (0.971)
FIN	-0.0590 (0.0942)	0.104 (0.176)	-0.179 (0.147)
CRE	0.0845** (0.0324)	0.163*** (0.0525)	0.112* (0.0585)
D	-0.117** (-0.048)	-0.574** (-0.213)	0.056 (0.042)
常数	0.961* (0.524)	-5.897* (2.578)	-0.0144 (0.706)
豪斯曼检验		$\chi = 31.12$	$p = 0.2141$

注:*、**、*** 分别表示在 10%、5%、1% 的水平上显著。

根据豪斯曼检验结果,固定效应模型的回归效果优于随机效应模型，故以固定效应模型评价结果为依据对长江经济带科技金融结合效率的影响因素进行探讨。如表4-6所示，科技发展规模（R&D人员全时当量）在1%的水平上显著，指标系数为0.598，大于0，表明科技发展规模与科技金融结合效率间存在显著的正相关关系。随着科技发展规模的扩大，进一步实现技术进步，有效增强资源利用率水平，为科技金融结合提供有力的人才与智力支持，有效提高科技金融结合效率，促进长江经济带科技金融深度结合。

第一，政府扶持力度（财政科技投入占比）在1%的水平上显著，其指标系数为2.332，大于0，表明政府扶持力度与科技金融结合效率间存在显著的正相关关系。政府作为行业发展的重要推动者，通过财政拨款等方式扶持科技型企业成长成熟，解决初创型企业的融资难题，有利于科技金融行业的快速发展。

第二，金融业资本规模（中长期贷款）在1%的水平上显著，其指标系数为0.163，大于0，表明金融业资本规模与科技金融结合效率间存在显著的正相关关系。金融业资本规模的不断扩大，为科技型企业提供一系列完善的金融产品与服务，全面满足科技型企业的融资需求，进一步推动科技金融的深度结合。

第三，金融业市场效率（金融机构贷款与存款比值）在5%的水平上显著，其指标系数为-0.574，小于0，表明金融业市场效率与科技金融结合效率间存在显著的负相关关系。其原因可能为长江经济带金融市场整体发展仍不完善，对不同行业、不同规模的企业的资源分配不够合理，资本利用率低，未能有效发挥杠杆效应，融资结构与资本配置模式有待优化。

第四，科技投入力度（R&D经费投入强度）与金融机构规模（金融机构数量）的检验不显著，即上述因素与科技金融结合效率间不存在显著相关关系。

五 基本结论

本章重点研究长江经济带科技金融结合效率的时空分异特征，并

第四章 长江经济带科技金融结合效率的时空分异特征及影响因素

从科技投入力度、科技发展规模、政府扶持力度、金融业发展规模以及金融业成熟度五个方面分析长江经济带科技金融结合效率的影响因素与作用机制。主要研究结论包括：第一，在科技金融结合效率的整体情况方面，2009—2015年长江经济带科技金融结合效率变化指数均值为1.005，指数大于1，且呈现增长趋势，说明长江经济带科技金融建设取得一定成果。从其变动趋势来看，长江经济带科技金融结合效率变化指数的波动较为剧烈，整体呈"W"形下降趋势，表明长江经济带科技金融结合效率虽保持上升趋势，但其增长速率逐渐降低。第二，在科技金融结合效率的分解情况方面，长江经济带科技技术进步变化指数为1.003，规模效率变化指数为1.002，纯技术效率变化指数为1.000，整体基本保持上升趋势，但增长速度相对较低且资源配置与利用效率有待增强。从各省市的比较情况来看，重庆、四川、湖南、江西、浙江等地区的技术进步指数有待提升，湖南、上海等地区的纯技术效率有待增强。从上中下游的比较情况来看，上游地区发展较为均衡，中游地区受技术进步影响最为显著，下游地区的纯技术效率相对较差。此外，对比技术进步变化指数、纯技术效率变化指数以及规模效率变化指数的变动趋势可知，各分解效率均对全要素生产率变动产生一定影响，但作用程度存在较大差异，其中，技术进步的影响最为显著。第三，划分长江经济带科技金融结合效率水平，其中，"高—高"型省市主要包括云南、安徽两省，"高—低"型省市主要包括湖南、浙江两省，"低—高"型省市主要包括湖北、贵州、江苏、上海等地区，"低—低"型省市主要包括四川、江西、重庆三个地区。第四，在科技金融结合效率的影响因素方面，科技发展规模、政府扶持力度以及金融业资本规模系数分别为0.598、2.332、0.163，上述因素与科技金融结合效率间存在显著的正相关关系；金融业市场效率系数为-0.574，与科技金融结合效率间存在显著的负相关关系；科技投入力度以及金融机构规模则与科技金融结合效率间不存在显著的相关关系。

第五章 长江经济带创新效率的时空分异特征及演变趋势[*]

运用三阶段 DEA 方法测算分析 2001—2016 年长江经济带区域创新效率的变动规律，同时比较长江经济带 11 个省市和上游、中游、下游地区创新效率均值的空间聚集差异。结果表明：剔除管理无效率和随机扰动后，长江经济带创新综合效率均值由 0.956 上升至 0.967，但均未实现 DEA 有效；无论是第一阶段还是第三阶段的测算结果均显示，11 个省市的创新效率时间变化和空间差异较大；按照上游、中游、下游的区域划分，第三阶段的测算值最大的为长江下游地区，最小的是长江上游地区，而第一阶段的测算值则是长江中游地区最小，表明三阶段 DEA 测算的第三阶段创新效率与第一阶段存在显著差异；在环境变量对创新效率的影响中，企业 R&D 经费支出占主营业务收入，对创新效率的贡献率高于人均地区生产总值、财政科技支出占地方财政支出比重，以及市场结构对投入变量的松弛影响。

一　研究背景

依托黄金水道发展长江经济带是国家的重大区域战略。长江经济带覆盖全国 11 个省市，上海张江和武汉东湖高新区两个国家自主创新示范区内嵌其中，高新技术产业和战略性新兴产业基础优势明显，同时集聚了全国大量的科技人才、机构和各类平台资源，是我国重要

---

[*] 本章主要内容刊载于罗颖、彭甲超、罗传建《基于三阶段 DEA 的长江经济带创新效率测算及其时空分异特征》，《管理学报》2019 年第 9 期。

的创新驱动策源地。《长江经济带创新驱动产业转型升级方案》明确指出，"以创新驱动促进产业转型升级是长江经济带实现经济提质增效和绿色发展的重要任务"，《长江经济带发展规划纲要》则进一步提出要将长江经济带打造成为"引领全国转型发展的创新驱动带"。作为典型的流域经济带，长江经济带也面临创新资源要素分布不平衡、区域创新体系尚不健全、区域协同创新潜力大但难度高等问题。统计数据显示，长江经济带 R&D 经费投入占 GDP 比重呈现逐年上升趋势，但是科技创新产出明显低于全国水平，且创新投入—产出呈现明显的区域差异性。创新投入与产出的不对称、不平衡导致部分创新资源的无效率配置，进而影响区域整体的创新机制体制建设，最终不利于长江经济带整体的创新驱动发展。提升长江经济带区域创新效率，加强创新资源统筹配置，则是有效解决上述问题的重要途径。目前，区域创新效率的测度仍然没有统一的方法，本部分在回顾相关文献的基础上，引入三阶段 DEA 模型（Data Envelopment Analysis）来测算长江经济带区域创新效率，并讨论效率分布的空间差异，基于此总结本部分的主要结论。

对区域创新效率的理解始于 Farrell 介绍的技术效率概念。Farrell（1957）认为，如果一个经济单位不能从一组给定的投入产生最大可能产出，那么该经济单位就是低效的。技术效率低下的原因可能是多种多样的，包括各种不当管理，例如低效的工作组织、技术的不当使用等（Leibenstein，1966）。将此定义应用于区域创新，意味着如果能够从给定的创新投入产生可能的最大创新产出，则该区域在技术上是有效的。因此，如果区域创新的输出低于最大可能值，则其被认为是技术上低效的。

知识生产函数的概念有助于分析创新过程的投入和产出之间的关系，这对于评估区域创新的技术效率是至关重要的。知识生产函数背后的基本假设是，发明主要来自研究与开发（R&D）活动。根据 Griliches（1979）、Jaffe（1989）以及赵增耀等（2015）的相关文献，假定投入和产出之间的关系具备 Cobb - Douglas 型函数的基本特质。考虑到创新效率指标的选取，对创新投入衡量一般选取的是研究与发展的研发人员数量（R&D）。如果员工具有工程或自然科学的高等学位,则被分类至研发领域。但是,基于长江经济带以及统计资料的实际情况,这种分类显然不适合本部分所进行的研究。区域内的研发(R&D研发人员和研发经费)作为知识生产函数中的解释变量,其他输入变量被省略,其原因是区域内R&D似乎是对研发部门创新产出产生直接影响的唯一因素。一般而言,创新产出的衡量标准是基于公开的地区专利申请或者授权数量。学术界对创新效率的衡量一般采用的投入与产出变量如表5-1汇总的结果。

表5-1　　　　　部分学者的研究方法与内容概述

研究者	方法	测度对象	指标
刘伟（2016）刘伟和李星星（2013）	三阶段DEA	高新技术产业	投入:R&D经费、R&D人员、新产品开发经费 产出:专利申请数、新产品销售收入
李婧和管莉花（2014）	传统DEA	区域研发效率	投入:R&D人员当时全量、R&D经费 产出:发明专利授权量
罗良文和梁圣蓉（2016）	两阶段DEA	区域工业企业	投入:R&D人员当时全量、R&D经费、R&D项目数、新产品开发经费 产出:专利申请数、新产品销售收入以及非期望产出
白俊红等（2009—2011）	三阶段DEA	区域创新效率	投入:R&D人员当时全量、R&D经费 产出:专利数、新产品销售收入

资料来源:根据相关文献整理。

表5-1中衡量专利的方法虽然直观,并且数据容易获取,但是使用专利作为衡量创新产出的标准存在若干问题,主要表现在:第一,授权专利是一项新的发明,但该发明不一定转化为创新,即新产品或生产技术;第二,专利是产品而不是过程(Cohen et al.,2000);第三,不同技术领域和不同来源的地区专利申请数量的信息包含不同的主体,虽然将专利分类到不同的技术领域是基于国际专利分类(IPC),但是聚集到技术领域水平中的专利数据不允许将专利申请分配到与特定行业或学科相关的研发活动中。虽然专利作为创新产出的

衡量标准存在较多的缺点，但是专利是技术创新最为直接的表现。专利作为衡量创新的标准在目前研究文献中较为常见（李习保，2007；Fritsch and Slavtchev，2011；Dettori et al.，2012；Sueyoshi and Goto，2012；李婧和管莉花，2014），但是上述文献中专利并不仅仅是唯一的创新产出。本部分为避免专利不一定转化为创新的缺点，同时引入技术市场成交额作为另一种衡量创新的产出。

在区域创新效率的测算方法方面，两阶段 DEA（赵增耀等，2015；罗良文和梁圣蓉，2016）、三阶段（白俊红和蒋伏心，2011；刘伟和李星星，2013；余泳泽和刘大勇，2013）、随机前沿模型（白俊红等，2009）以及其他方法与改进 DEA（颜莉，2012；李婧和管莉花，2014）结合的方法是目前研究创新效率的常用方法。在区域创新效率空间差异方面，学者更多的是通过空间计量的方法验证创新效率是否存在空间外溢（余泳泽和刘大勇，2013；李婧和管莉花，2014；赵增耀等，2015）、空间集聚（赵增耀等，2015）以及空间差距悬殊现象（罗良文和梁圣蓉，2016）。

综上，上述文献对样本环境变量的极度细化使部分归于随机误差项的因素未被显现，同样对 R&D 活动引起的创新效率变化划分得过于详细，这样就导致部分指标之间存在交叉重叠，而这些重叠信息并未被有效分离。同时，创新效率的测度最有效的角度依旧是 R&D，考虑到观测样本的数量限制需要重新考虑 R&D 投入与产出的数量比例。遵循以上发现，为有效剥离无效及重叠信息对创新效率的影响，基于前人从动态角度考虑的思路，本部分仍然采用面板数据，最终选择利用三阶段 DEA 来测算长江经济带创新效率。

二 研究模型的设计

（一）研究方法

Fried 等（1999，2002）认为，传统 DEA 模型没有考虑环境因素和随机噪声对决策单元效率评价的影响，其先后探讨了如何将环境因素和随机噪声引入 DEA 模型。Fried 等（2002）认为，决策单元的绩效受到管理无效率（Managerial Inefficiencies）、环境因素（Environmental Effects）和统计噪声（Statistical Noise）的影响，因此有必要分离这三种影响。其中，Fried 等（1999）仅剔除了环境因素，而 Fried 等（2002）同时考虑了环境因素和随机噪声。本部分测算长江经济带创新效率，需要更为准确的相对效率，因此需要使用三阶段 DEA 来剔除管理无效率和随机因素等，具体如下所示。

1. 第一阶段：传统 DEA 模型效率测算

Charnes 等（1978）提出 DEA 模型可用于评价相同部门间的相对有效性（因此被称为 DEA 有效）。在第一阶段，本部分使用原始投入产出数据进行初始效率评价。一般而言，大多数运用三阶段 DEA 模型的文献都选择投入导向的 BCC（规模报酬可变）模型（罗登跃，2012；陈巍巍等，2014）。在本部分，对于任一决策单元 j，投入导向下对偶形式的 BCC 模型可表示为：

$$\min \theta - (e^T S^- + e_1^T S^+)$$
$$\text{s. t.} \sum_{j=1}^{n} x_j \lambda_j + S^- = \theta x_0$$
$$\sum_{j}^{n} y_j \lambda_j - S^+ = y_0$$
$$\lambda_j \geq 0, \ S^-, \ S^+ \geq 0 \tag{5-1}$$

其中，$j = 1, 2, \cdots, n$，表示决策单元；S^-、S^+ 表示投入或产出的差额变数，即投入或产出指标的松弛变量；θ 为标量，即效率评价值；λ 为第 j 个 DMU 权重；T 为生产可能集；e 为改写的非阿基米德无穷小量；x 和 y 分别是投入、产出向量。DEA 模型本质上是一个线性规划问题。DEA 计算的结果主要有以下几种：若 $\theta = 1$，$S^+ = S^- = 0$，则决策单元 DEA 有效；若 $\theta = 1$，$S^+ \neq 0$ 或 $S^- \neq 0$，则决策单元弱 DEA 有效；若 $\theta < 1$，则决策单元非 DEA 有效。

2. 第二阶段：似 SFA 回归剔除环境因素和统计噪声

在第二阶段，利用反映初始的低效率，将环境因素、管理无效率和统计噪声构成的松弛变量作为被解释变量，环境变量作自变量进行回归。第二阶段的主要目标是将第一阶段的松弛变量分解成管理无效率、环境因素和统计噪声效应，管理无效率及统计噪声的分离需要借助 SFA 回归。

根据 Fried 等（1999，2002）的思想，构造如下似 SFA 回归函数（以投入导向为例）：

$$S_{ni} = f(z_i; \beta_n) + v_{ni} + \mu_{ni} \quad (5-2)$$

式中，$n = 1, 2, \cdots, N$；$i = 1, 2, \cdots, I$。S_{ni} 是第 i 个决策单元第 n 项投入的松弛值。z_i 是环境变量，β_n 是环境变量的系数。$v_{ni} + \mu_{ni}$ 是混合误差项，v_{ni} 是随机干扰，表示随机干扰因素对投入松弛变量的影响，$v \sim N(0, \sigma_v^2)$；μ_{ni} 是管理无效率，表示管理因素对投入松弛变量的影响，假设其服从在零点截断的正态分布，即 $\mu \sim N^+(0, \sigma_\mu^2)$。

SFA 回归的目的是剔除环境因素和随机因素对效率测度的影响，以便将所有决策单元调整于相同的外部环境中。调整公式依旧沿用 Fried 等（2002），具体形式如式（5-3）所示：

$$x_{ni}^A = x_{ni} + [\max f(z_i; \beta_n) - f(z_i; \beta_n)] + [\max(v_{ni}) - v_{ni}] \quad (5-3)$$

式中，$n = 1, 2, \cdots, N$；$i = 1, 2, \cdots, I$。x_{ni}^A 是调整后的投入，x_{ni} 是调整前的投入，$\max f(z_i; \beta_n) - f(z_i; \beta_n)$ 是对外部环境因素进行的调整，$\max(v_{ni}) - v_{ni}$ 是将所有决策单元置于相同的水平下。

如前文所述，Frontier4.1 通常在 SFA 估计时报告参数 β、σ^2、γ 的值，同时 Frontier4.1 的使用说明给出 $\sigma^2 = \sigma_v^2 + \sigma_u^2$ 和 $\gamma = \dfrac{\sigma_v^2}{\sigma_v^2 + \sigma_u^2}$。Frontier4.1 可以计算出最大似然估计参数 β 的值。根据 Jondrow 等（1982）的公式原理，参考 Fried 等（2002）、戴文文等（2009）、黄薇（2009）、赵桂芹等（2010）、罗登跃（2012）和陈巍巍等（2014）对三阶段 DEA 分离公式的推导，分别沿用 φ、ϕ 为标准正态分布的密度函数和分布函数，取 $\varepsilon_i = V_{ni} + U_{ni}$ 为联合误差项，$\lambda = \sigma_\mu/\sigma_v$、$\sigma_* = (\sigma_\mu\sigma_v)/\sigma$ 和 $\sigma = \sqrt{\sigma_\mu^2 + \sigma_v^2}$，推导本部分计算所使用的分离管理无效率和随机扰动项公式如式（5-4）所示：

$$E(\mu \mid \varepsilon) = \sigma_* \left[\frac{\varphi(\lambda\varepsilon/\sigma)}{\phi(\lambda\varepsilon/\sigma)} + \frac{\lambda\varepsilon}{\sigma} \right] \quad (5-4)$$

3. 第三阶段：调整后的 DEA 模型效率测算

在第三阶段，运用调整后的投入产出变量再次测算各决策单元的效率，此时的效率已经剔除环境因素和随机因素的影响，对剔除管理无效率和随机干扰项的投入产出数据进行 BCC 模型下的创新效率测算，此时测算的效率值是相对真实准确的。

（二）变量选择

在创新投入方面，本研究选取的投入变量主要考虑资本和劳动力投入两个维度，包括 R&D 经费支出占 GDP 比重（FU）、R&D 人员全时当量（EM）及新产品研发经费支出（EX）。其中，R&D 经费支出占 GDP 比重主要衡量了创新所必需的财力投入，是对创新具有直接影响的、最为重要的要素；根据经验式证据（刘伟，2016）等，研发人员对创新的作用尤为重要，同时基于数据可获得性，选择 R&D 人员全时当量（人年）；此外，选取新产品研发经费投入衡量企业的创新投入。

在创新产出方面，延续前人研究创新的重要变量，选取国内专利申请授权数（PA）作为衡量创新的直接产出（白俊红等，2011；刘伟，2016），同时产出也有可能存在其他方面的表现形式，因此将技术市场成交额（M）作为创新间接表现的重要变量。此外，选取新产品销售收入（S）衡量企业的创新产出。

影响区域创新效率的环境变量主要包括区域宏观环境、政府支持力度、企业研发规模和市场结构等。第一，区域创新环境（PC）能够为创新提供一定的物质基础，参考白俊红等（2009，2011）的做法选择人均 GDP 表征该变量。第二，地方政府支持（FI）直接影响区域创新的基础要素条件和创新资源配置能力，本部分选择地方财政科技支出占地方财政支出比重（%）这一指标。第三，现有理论认为企业研发规模（EN）对创新的影响主要可以划分为两种：一是企业规模大，则可以利用自身的大规模优势为创新提供足够的资金，通过大企业的规模性缩减成本，提高利润；二是企业规模小，更易接受新事物，企业创新更容易。企业 R&D 经费支出占主营业务收入比重（%）可以较为清晰地反映企业研发规模大小，因此本部分将选择该指标。第四，根据哈佛学派的 SCP 理论，市场结构（I）优化能够为创新提供足够的人财物。借鉴朱有为和徐康宁（2006）以及刘伟（2016）对市场结构的处理，选择高新技术企业数（个）这一变量。

相关变量汇总如表 5-2 所示。

表 5-2　　　　　　　　　　　变量汇总

变量	变量名称	变量性质	衡量指标	单位
FU	R&D 经费支出占 GDP 比重	投入指标 1	R&D 经费支出占 GDP 比重	%
EM	R&D 人员全时当量	投入指标 2	R&D 人员全时当量	人年
EX	新产品研发经费支出	投入指标 3	新产品研发经费支出	万元
PA	国内专利申请授权数	产出指标 1	国内专利申请授权数	件
M	技术市场成交额	产出指标 2	技术市场成交额	亿元
S	新产品销售收入	产出指标 3	新产品销售收入	万元
PC	区域创新环境	环境变量 1	人均 GDP	元
FI	地方政府支持	环境变量 2	地方财政科技支出占地方财政支出比重	%
EN	企业研发规模	环境变量 3	企业 R&D 经费支出占主营业务收入比重	%
I	市场结构	环境变量 4	高新技术产业企业个数	个

（三）数据来源及处理

本部分的数据来源主要依据 EPS 数据库公布的中国科技统计数据以及国研网的区域科技统计数据，以长江经济带 11 个省市的省级面板数据为观测对象，时间窗为 2001—2016 年。本部分主要依据 Cobb-Douglas 型函数计算相关指标，因此对原始数据做取自然对数处理，其数据描述性统计及相关性分析如表 5-3 和表 5-4 所示。表 5-3 中的相关性显示各个变量之间均在 1% 的显著性水平上具有较强的相关性，满足 DEA 计算所要求的数据同向性要求（刘伟，2016）。考虑到环境变量的单位影响，本部分在测算 DEA 时对环境变量 1 和环境变量 2 做对数化处理，以消除环境变量单位带来的影响。

表 5-3　　　　变量数据的描述性及相关性统计分析

变量	均值	标准差	最小值	p50	最大值	偏度	峰度	变异系数
lnPA	4.200	0.730	2.790	4.160	5.920	0.250	2.360	0.170
lnM	5.860	0.720	2.780	5.830	7.460	-0.56	4.230	0.120

续表

变量	均值	标准差	最小值	p50	最大值	偏度	峰度	变异系数
ln$S$	6.380	0.850	4.530	6.440	8.180	-0.020	2.150	0.130
lnFU	0.250	0.400	-0.470	0.170	1.300	0.680	2.830	1.590
lnEM	4.940	0.530	3.890	4.930	6.240	0.280	2.530	0.110
lnEX	5.310	0.800	3.450	5.330	6.980	-0.100	2.400	0.150
lnPC	4.490	0.490	3.460	4.470	5.770	0.280	2.560	0.110
lnFI	0.410	0.410	-0.460	0.300	1.450	0.720	2.670	1.00
lnEN	0.060	0.360	-0.660	-0.030	1.040	0.890	3.320	5.640
ln$I$	2.950	0.570	1.980	2.920	4.160	0.250	2.230	0.190

资料来源：笔者根据 Stata13.0 汇总整理。

表 5-4　　　　　　　　　投入产出变量的相关性分析

变量	lnPA	ln$M$	ln$S$	lnFU	lnEM	lnEX
lnPA	1					
ln$M$	0.858***	1				
ln$S$	0.927***	0.824***	1			
lnFU	0.812***	0.826***	0.824***	1		
lnEM	0.935***	0.879***	0.904***	0.921***	1	
lnEX	0.939***	0.814***	0.965***	0.830***	0.915***	1

注：*** 表示在 1% 的显著性水平上显著。

依据选取的环境变量，本部分根据式（5-2）设定的 SFA 模型形式如式（5-5）所示：

$$m_{it} = \beta_0 + \beta_1 \ln PC_{it} + \beta_2 \ln FI_{it} + \beta_3 \ln EN_{it} + \beta_4 \ln I_{it} + v_{it} - u_{it} \quad (5-5)$$

式中，m_{it} 代表第一阶段计算投入变量的松弛度，$\ln PC_{it}$、$\ln FI_{it}$、$\ln EN_{it}$ 和 $\ln I_{it}$ 分别代表环境变量 1、环境变量 2、环境变量 3 和环境变量 4，β_0、β_1、β_2、β_3、β_4 分别为式（5-5）的截距项以及环境变量 1、环境变量 2、环境变量 3 和环境变量 4 的待估参数系数，v_{ni} 表示随机干扰，μ_{ni} 表示管理无效率，i 和 t 分别表示长江经济带 11 个省市及时间。考虑到数据的可获取性，本部分主要研究的时间段为2001—2016年。

三 长江经济带创新效率评价的实证结果分析

（一）第一阶段：传统 DEA 模型测算创新效率

本部分对第一阶段原始创新效率的测度通过 DEAP2.1 软件计算得来，在不考虑环境因素的影响下，创新效率值包含管理无效率和随机扰动项。本部分第一阶段创新技术效率结果的内容如表 5-5 所示。

表 5-5　　第一阶段传统 DEA 测算的创新效率变化情况

地区	2001年	2005年	"十五"规划	2006年	2010年	"十一五"规划	2011年	2015年	"十二五"规划	2016年	年度平均
上海	0.991	1.000	0.998	1.000	1.000	1.000	1.000	1.000	1.000	1.000	0.999
江苏	0.937	0.967	0.945	0.953	1.000	0.978	1.000	1.000	1.000	1.000	0.976
浙江	1.000	1.000	1.000	1.000	1.000	1.000	1.000	1.000	1.000	1.000	1.000
下游	0.976	0.989	0.981	0.984	1.000	0.993	1.000	1.000	1.000	1.000	0.992
安徽	0.870	0.903	0.876	0.896	0.949	0.921	0.976	0.998	0.986	1.000	0.932
江西	0.927	0.917	0.899	0.868	0.913	0.873	0.938	0.983	0.958	0.988	0.915
湖北	0.920	0.962	0.923	0.929	0.939	0.935	0.951	1.000	0.985	1.000	0.951
湖南	0.954	0.986	0.959	0.982	0.925	0.943	0.914	0.957	0.939	0.959	0.948
中游	0.918	0.942	0.914	0.919	0.932	0.918	0.945	0.985	0.967	0.987	0.936
重庆	0.987	1.000	0.997	1.000	0.998	0.986	0.995	0.977	0.991	0.957	0.989
四川	0.889	0.919	0.891	0.937	0.983	0.955	0.968	1.000	0.988	1.000	0.948
贵州	0.851	0.864	0.855	0.866	0.913	0.886	0.946	1.000	0.969	1.000	0.909
云南	1.000	0.968	0.974	0.912	0.902	0.904	0.903	0.962	0.961	0.950	0.947
上游	0.932	0.938	0.929	0.929	0.949	0.933	0.953	0.985	0.977	0.977	0.948
总体	0.939	0.953	0.938	0.940	0.957	0.944	0.963	0.989	0.980	0.987	0.956

1. 长江经济带整体的创新效率

总体来看，2001—2016年，长江经济带创新综合效率的变化区间为 [0.929, 0.989]，呈现先下降后上升而后小幅度下降的趋势，并且管理无效率和随机扰动项的存在使总体的创新效率均值上下浮动较大。从均值结果来看，长江经济带创新综合效率（CRSTE）平均为0.956，仍然是弱DEA效率；综合效率分解为纯技术效率（VRSTE）和规模效率（Scale），结果显示综合效率和规模效率均值变化一致，而纯技术效率的均值结果为1，即DEA有效，因此，长江经济带创新效率变化主要是由于规模效率（Scale）的变动。限于篇幅，本章未报告长江经济带创新综合效率的分解效率VRSTE和Scale。

2. 长江经济带11个省市的创新效率时间变化规律

长江经济带11个省市的创新效率变动情况具体见表5-5。表5-5显示：浙江省创新效率值无太大变化，且都显示了其创新效率DEA有效；上海、江苏、重庆和云南在2001—2016年创新效率变动不大，除个别年份外，均为DEA有效；安徽和四川的创新效率均在2015年和2016年达到1，实现DEA有效，其余年份的创新效率均未达到创新前沿面；湖北在2013—2016年连续四年的创新效率都实现DEA有效；贵州在2015年和2016年创新效率分别达到1；湖南和江西的创新效率值均不高，且变动幅度较大。

3. 长江上游、中游及下游地区的创新效率比较

按照传统分类，长江经济带上游地区包括的省市为重庆、四川、贵州和云南，中游地区包括安徽、江西、湖北和湖南，下游地区则包含上海、江苏和浙江。从测算结果来看，长江下游地区创新效率最高，其次为长江上游地区，而长江中游地区创新效率最低。

4. 基于效率临界点的区域划分

为进一步研究第一阶段长江经济带各省市初始创新效率的空间差异，参考刘伟对临界值的界定（刘伟，2012），以VRSTE和Scale效率均值（0.982，0.973）为临界点对构成区域创新效率的纯技术效率和规模效率进行划分，可将长江经济带整体创新综合效率划分为三种类型，结果见图5-1。

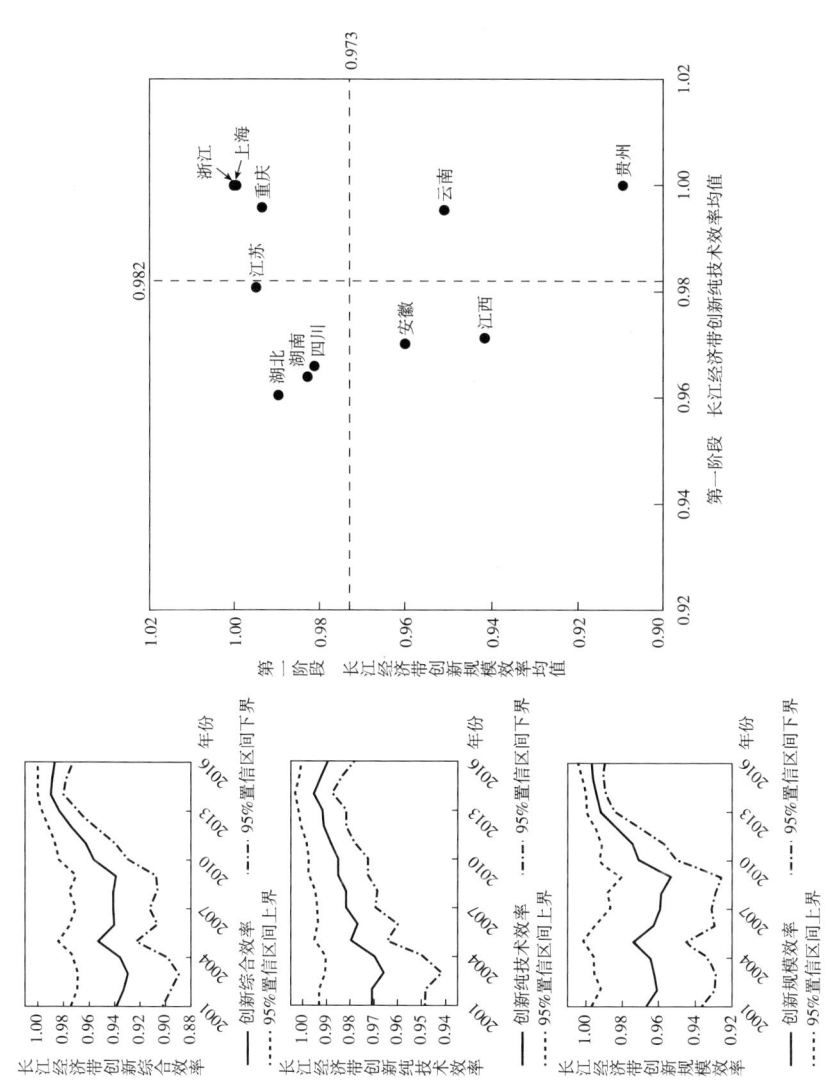

第五章　长江经济带创新效率的时空分异特征及演变趋势　69

图 5-1　调整前长江经济带纯技术效率均值和规模效率均值分类

第一类为"双高型",即纯技术效率大于0.98和规模效率均值大于0.97,包括的省市主要有上海、江苏、浙江、重庆及云南等省市,这些省市的创新效率较高,因而存在改进的空间较小,但需要小幅度改进纯技术效率和规模效率。第二类为"高低型",主要指纯技术效率高规模效率低和纯技术效率低规模效率高两种类型,前一种类型包括的省市有贵州、云南,后一种则主要为湖南、四川和湖北。前一种形式主要改进规模效率,后一种类型主要改进纯技术效率,上述类型出现的省市均在长江中游、上游地区。第三类为"双低型",即纯技术效率及规模效率都低于临界均值,包括江西和安徽。这种类型需要同时提高纯技术效率和规模效率。

(二)第二阶段:似 SFA 回归剔除环境因素和统计噪声

通过软件 Frontier4.1 计算的第二阶段回归结果如表 5-6 所示,表中分别以投入 1（R&D 经费支出占 GDP 比重）、投入 2（R&D 人员全时当量）和投入 3（新产品研发经费支出）的松弛量作为被解释变量,利用极大似然估计（MLE）计算得到。首先,SFA 模型计算 MLE 估计的 γ 值分别为 0.806、0.521 和 0.179,投入 1 和投入 2 的松弛 γ 值大于 0.5 且在 1% 的水平上通过检验,这说明模型的随机误差项包括管理无效率的影响（史修松等,2009）；投入 3 的松弛 γ 值小于 0.5,在 5% 的水平上显著。因此可以认为,本部分 SFA 模型估计的面板数据结果可行,LR 单边似然比检验有效拒绝了 OLS 估计结果。通过 MLE,SFA 估计的自变量系数均不同程度地通过检验,投入 1 模型 EN^2 未通过检验,其余自变量 PC、FI、EN 和 I 在 1% 的显著性水平上通过检验。从表 5-6 的计量回归结果可知,如以 R&D 经费支出占 GDP 比重（投入变量 1,lnfund）的松弛变量 SFA 模型为例,各个自变量的产出弹性分别为 $\beta_1 = 0.961$,$\beta_2 = 0.170$,$\beta_3 = 1.386$,$\beta_4 = -0.088$,$\beta_5 = -0.304$。环境变量的值均小于 1,即不具有规模效应。在其他条件不变的情况下,人均地区生产总值每变化 1 个百分点,则相应地研究与试验发展（R&D）人员全时当量的松弛将减少 0.961 个百分点；同理,地方财政科技支出占地方财政支出比重每变化 1 个百分点,研究与试验发展（R&D）人员全时当量的松弛将减少 0.1703 个百分点,其他变量均表现出相类似的变化。

$\gamma = \dfrac{\sigma_{vi}^{2}}{\sigma_{vi}^{2} + \sigma_{ui}^{2}} \in [0, 1]$。其中，$\gamma$ 趋于 1 时，管理无效率占主要影响地位；γ 趋于 0 时，白噪声（随机干扰因素）占主要影响地位。SFA 模型估计的三变量结果分别为 0.806、0.521 和 0.179，投入 1 和投入 2 影响因子方程中管理无效率占主要影响地位，对于投入 3 则是随机误差占主要的影响地位。由此可见，长江经济带创新效率中管理无效率的影响多于随机扰动项的影响。

表 5-6　　　　　　　　SFA 模型的回归结果汇总

变量	R&D 经费支出占 GDP 比重	R&D 人员全时当量	新产品开发经费支出
$\ln PC$	0.170 ***	4 952.561 ***	37 765.600 ***
	(3.036)	(9.162)	(37 755.900)
$\ln FI$	0.031 ***	34 826.780 ***	62 085.500 ***
	(3.224)	(297.018)	(62 069.900)
$\ln EN$	1.386 ***	49 589.020 ***	51 588.670 **
	(14.107)	(724.250)	(51 574.570)
$\ln EN^2$	-0.088	-17 505.740 **	-38 264.100 ***
	(-0.087)	(-244.200)	(-38 253.600)
$\ln I$	-0.304 ***	3 669.973 ***	-1 050.540 ***
	(-3.584)	(9.463)	(-1 050.540)
σ^2	1.125	8.880×10^8 ***	3.480×10^9 ***
	(1.282)	(8.9×10^8)	(3.48×10^9)
γ	0.806 ***	0.521 ***	0.179 **
	(13.227)	(10.956)	(2.599)
常数项	0.961 ***	1 5599.430 ***	-97 759.300 ***
	(9.747)	(156.476)	(-97 758.300)
极大似然值	-164.006	-2 572.367	-2 775.060
LR test	73.436 ***	37.195 ***	4.489 **
样本数/截面		225/15	

注：括号内的结果表示估计系数的 t 检验值；*** 表示 $p<0.01$，** 表示 $p<0.05$，* 表示 $p<0.1$；LR 为单边似然比检验，此处软件计算的是其卡方值，卡方值对应的 p 值在 5% 的水平下显著。

资料来源：笔者根据 Frontier4.1 软件计算的结果整理汇总。

(三) 第三阶段：调整后的创新效率测算结果分析

1. 长江经济带创新效率调整前后年份均值变化

通过第二阶段 SFA 分离管理无效率和随机扰动项的影响，最终调整投入1、投入2和投入3，再次通过 DEAP2.1 软件测算长江经济带11个省市的创新效率，其结果见表5-7。表5-7报告的仍然是利用投入导向 BCC 模型测算的技术创新综合效率值，通过对比更容易观测到在剔除了管理无效率和随机扰动项影响后的区域创新综合效率变化。从总体情况来看，2001—2016年，调整后的长江经济带总体创新综合效率均值均未达到1，仍处于 DEA 无效率状态；调整之前整体效率变化区间为 [0.929, 0.989]，调整之后的变化区间为 [0.945, 0.996]，较调整之前有很大变化。11个省市的创新效率均值中，上海、浙江、江苏、湖北和四川调整后在部分时间窗下创新效率处于 DEA 有效，其余省市创新效率均未出现 DEA 有效（重庆2006年创新效率为 DEA 有效）；相较于调整之前，重庆等省市的调整之后的 DEA 创新效率出现较大变化。从表5-7中可以看出，通过第二阶段的调整，DEA 综合效率滤除了环境和随机因素的影响，其平均效率值由0.956上升至0.967。

表5-7　　第三阶段调整后的创新效率变化情况

地区	2001年	2005年	"十五"规划	2006年	2010年	"十一五"规划	2011年	2015年	"十二五"规划	2016年	年度平均
上海	0.999	1.000	1.000	1.000	1.000	1.000	1.000	1.000	1.000	1.000	1.000
江苏	0.983	0.994	0.986	0.990	1.000	0.991	1.000	1.000	1.000	1.000	0.993
浙江	1.000	1.000	1.000	1.000	1.000	1.000	0.999	1.000	1.000	1.000	1.000
下游	0.994	0.998	0.995	0.997	1.000	0.997	1.000	1.000	1.000	1.000	0.998
安徽	0.925	0.935	0.918	0.930	0.962	0.945	0.970	0.997	0.984	0.998	0.952
江西	0.929	0.931	0.916	0.896	0.933	0.898	0.952	0.989	0.968	0.999	0.932
湖北	0.976	0.988	0.975	0.976	0.969	0.966	0.971	1.000	0.991	1.000	0.979
湖南	0.990	0.992	0.985	0.992	0.952	0.962	0.942	0.987	0.968	0.991	0.973
中游	0.955	0.962	0.949	0.949	0.954	0.943	0.959	0.993	0.978	0.997	0.959

续表

地区	2001年	2005年	"十五"规划	2006年	2010年	"十一五"规划	2011年	2015年	"十二五"规划	2016年	年度平均
重庆	0.994	0.992	0.997	1.000	0.991	0.980	0.987	0.995	0.991	0.998	0.990
四川	0.947	0.959	0.942	0.971	0.980	0.971	0.977	1.000	0.992	1.000	0.971
贵州	0.840	0.852	0.844	0.852	0.900	0.872	0.933	0.997	0.959	1.015	0.899
云南	1.000	0.958	0.971	0.905	0.908	0.899	0.913	0.963	0.957	0.961	0.944
上游	0.945	0.940	0.938	0.932	0.945	0.931	0.953	0.989	0.975	0.994	0.951
总体	0.962	0.964	0.958	0.956	0.963	0.953	0.968	0.993	0.983	0.997	0.967

2. 长江经济带各省市创新效率调整前后变化

长江经济带各省市创新综合效率变动情况分别见表 5-7 和图 5-2。在剔除管理无效率和随机干扰的影响后，江苏的创新效率明显低

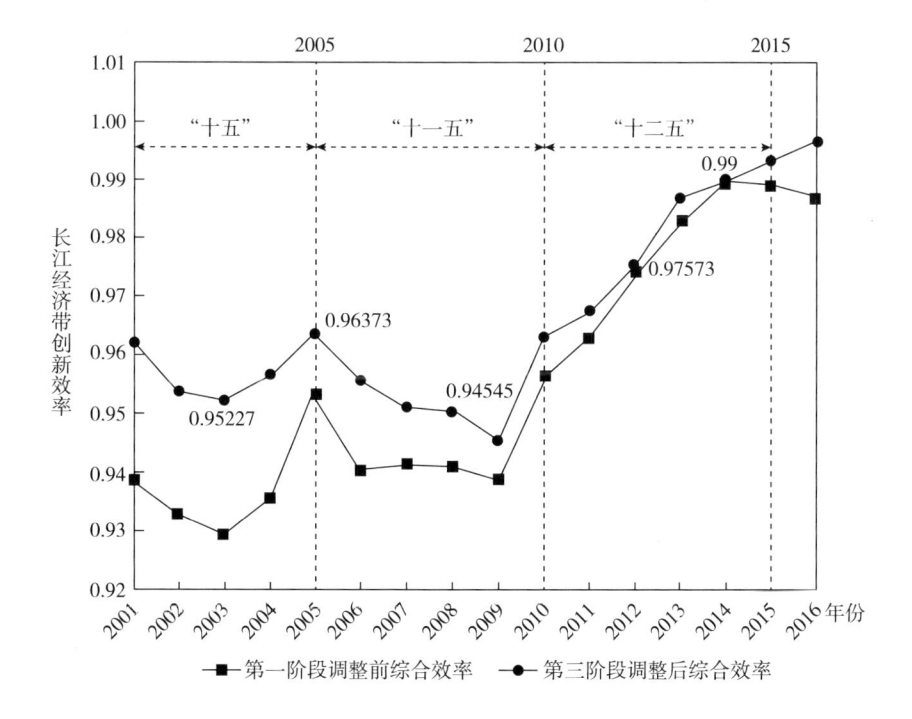

图 5-2 长江经济带创新效率调整前后年度均值变化

于未剔除之前的数值。调整之后的创新综合效率变化最大的分别为安徽（2001—2010年）、江西（2001—2015年）、四川（2010年）以及贵州（2001—2016年），这些年份内上述省市调整之后的创新效率远高于调整之前的DEA综合效率值。从时间序列来看，江苏在2001—2009年的创新效率仍然未达到生产前沿面；重庆2001—2005年和2007—2016年的创新效率均未达到DEA有效，四川在2015年以后创新综合效率达到DEA有效。从测算结果来看，调整后，长江下游地区创新综合效率依然最高，其次为长江中游地区，而长江上游地区创新综合效率最低，较调整前有所变化。

3. 长江上游、中游及下游地区的创新效率调整前后变化

按照前文的均值分类，以（0.996，0.967）为临界点，分类结果与图5-1类似，但平均效率值存在较大差异，其结果见图5-3：第一类为"双高型"，即纯技术效率和规模效率均值均高于临界点均值的省市区域，主要有上海、浙江、江苏和重庆四个省市，但仅有浙江和上海两省市的创新效率是较为有效的。对比图5-1调整前的划分结果，"双高型"地区江苏和重庆在规模效率变化方面有显著差异，而纯技术效率差距缩小，这就说明控制环境因素及管理无效率影响因素之后，江苏和重庆两省市的创新纯技术效率和规模效率还需要有较大的改进空间。第二类为"高低型"，与图5-1不同的是，图5-3的"高低型"省市分布的空间差异较大。云南和贵州的空间位次不变，而湖北、四川和湖南的纯技术效率及规模效率变化差异存在位移，主要表现为纯技术效率的提升而规模效率有待改进。由于规模效率的低值，在一定程度上"拖累"了综合效率，这些地区的创新效率提高今后还需要从规模效率入手，扩大其生产前沿面。最后，剔除管理无效率及随机干扰的影响，没有"双低型"省市。

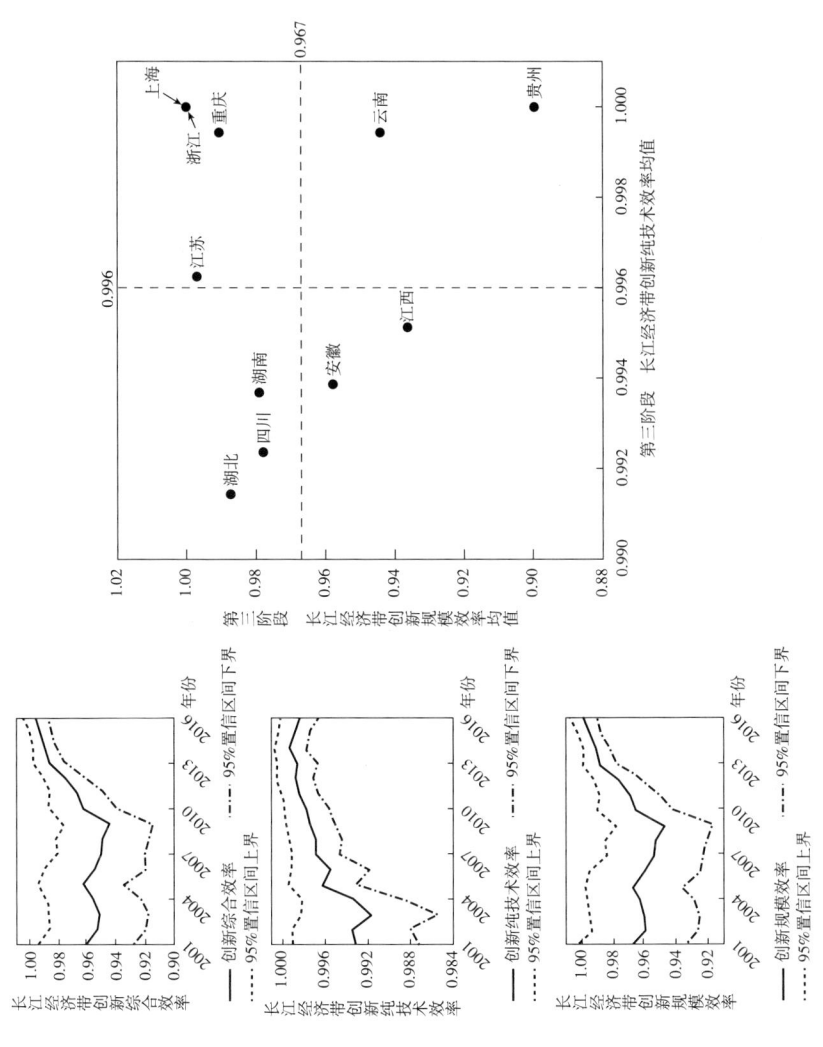

第五章 长江经济带创新效率的时空分异特征及演变趋势 75

图 5-3 调整后长江经济带纯技术效率均值和规模效率均值分类

四 基本结论

本章运用三阶段 DEA 方法分析 2001—2016 年长江经济带创新效率变化,其结果显示:(1)从区域总体创新效率看,调整之前,2001—2016 年,长江经济带创新效率整体均值区间为[0.929,0.989],并且管理无效率和随机扰动项的存在使总体创新效率均值波动较大。调整之后,长江经济带创新综合效率虽然有所提升,但均未达到 DEA 有效。(2)从长江经济带 11 个省市的创新效率看,通过第二阶段的调整,滤除了环境和随机因素的影响,各省市平均效率值均有一定程度的提高。(3)从上游、中游、下游的创新效率看,调整前后,长江下游地区的创新效率均为最高,调整前中游地区效率值最低,调整后上游地区效率值最低。(4)按照效率值的临界点划分,调整前,可以划分为"双高型""高低型""双低型"三类区域;调整后,仍然存在"双低型"区域,但空间位次存在较大差异。(5)从环境变量的影响看,人均地区生产总值与科技研发劳动力投入之间具有较强的正向效应,地方财政科技支出占地方财政支出比重的增加将有助于科技研发人员的增长,减少松弛量。市场结构、企业规模和企业规模的乘积效应对区域创新效率的影响并不一致,其中,市场结构的提升有较大影响,这种影响有正向和负向之分,但是企业规模的乘积效应对长江经济带创新效率均具有正向作用;而企业规模的作用刚好相反,虽有利于松弛量增加,但不利于创新效率的提升。

第六章　长江经济带绿色全要素生产率的时空分异特征及影响因素[*]

将环境非期望因素纳入长江经济带全要素生产率研究体系，测算长江经济带2003—2015年11个省市绿色全要素生产率的变动情况，选择相应影响指标通过面板Tobit模型实证分析长江经济带绿色全要素生产率的影响变量，在此基础上利用模糊综合定性评价法fsQCA提出组合式策略以提升绿色全要素生产率。研究表明：（1）长江经济带绿色全要素生产率总体变化差异较大，绿色技术进步对绿色全要素生产率增长起主要作用；区域异质性明显，长江下游地区在技术进步、技术效率和绿色全要素生产率方面都优于长江中游和长江上游；（2）样本期内长江经济带绿色全要素生产率虽然总体处于上升状态，但效率上升的幅度趋于缓和；年份之间绿色全要素生产率差异在逐渐缩小，效率改善和恶化的年份比重有所降低；（3）从环境情境来看，环境保护支持力度、环境规制水平以及科技创新意识均在不同程度不同地区有显著性影响；（4）在提升模式方面，单因素均不能构成长江经济带全要素生产率的充分必要条件，有效提升长江经济带全要素生产率的模式有四种，这四种模式主要强调了政府以及科技创新意识对提升长江经济带绿色全要素生产率的重要性。

---

　　* 本章主要内容刊载于易明等《长江经济带绿色全要素生产率的时空分异特征研究》，《管理世界》2018年第11期。

一 研究背景

改革开放以来，我国经济取得了巨大成就，经济增长速度一直保持在7%左右，长期位居全球前列。但是，这种高速的经济增长却是以巨大的能源资源消耗和环境污染为代价的（谌莹和张捷，2016）。高能耗、高污染带来的高增长是不可持续的，为此，党的十八届五中全会把"绿色"作为五大发展理念之一，明确提出要走绿色发展之路，强调要正确处理经济发展和环境保护之间的关系。2018年1月30日，中共中央政治局就建设现代化经济体系进行第三次集体学习，习近平总书记再次强调，要建设资源节约、环境友好的绿色发展体系。长江经济带是横跨我国东中西11个省市的巨型流域经济带。2016年，长江经济带以全国1/5的国土面积贡献了2/5以上的GDP总量，但同时囿于重工业的发展，能源资源消耗量快速增长，生态环境压力巨大。为此，《长江经济带发展规划纲要》和党的十九大报告都明确指出，要以"共抓大保护，不搞大开发"为基本准则，深入推进长江经济带绿色发展。

绿色全要素生产率（Green Total Factor Productivity，GTFP）是指考虑了能源消耗和污染物排放等非期望产出的经济社会系统的投入产出效率。与传统的全要素生产率相比，GTFP更能直观反映经济发展质量和资源环境影响，在某种意义上，GTFP的提升代表着绿色发展水平、效率和质量的全面提高。近年来，学者们围绕GTFP开展了大量的实证研究，如王兵与王丽（2010）在考虑环境约束的情况下测算了中国1998—2007年各地区的工业全要素生产率；胡晓珍和杨龙（2011）利用熵值法拟合环境污染综合指数，测度了中国1995—2008年各省市的GTFP指数；Munisamy和Arabi（2015）通过分析清洁能源使用状况测算了环境可持续效率；Wang等（2014）系统阐述了中国的环境效益、环境TFP及其分解情况；Li（2009）以及Wang和Shen（2016）则探讨了人均GDP和工业占比等对环境效率的影响。但总体而言，针对长江经济带这一流域经济带的GTFP测算和空间比较分析的实证研究尚不多见，且测算方法以及非期望产出指标的处理还存在争议，特别是一些重要的非期望产出指标并未被纳入测算指标体系，存在一定的改进空间。综上所述，本部分将煤炭、汽油、天然气、水资源、土地资源以及电力消费等指标拟合为能源资源消耗指数，将废水、废气、烟尘、二氧化硫、环境破坏损失、环境危险物等指标拟合为环境污染指数，更广范围地考虑相关指标对 GTFP 的实际影响，同时结合 DEA – Malmquist 指数法和探索性空间数据分析方法，综合测算分析长江经济带 GTFP 的时间演进规律和空间分布格局。

二 研究模型的设计

（一）研究方法

1. DEA – Malmquist 指数法

该方法在测算生产率方面已经得到学者的广泛认可，且对非期望产出有较好的拟合优化特性。DEA – Malmquist 指数描述了从 t 期到 $t+1$ 期决策单元整体生产率的几何平均变化，其综合生产率结果即为 GTFP。国外学者 Ray 和 Desli 从规模报酬可变角度分解了 DEA – Malmquist 指数（Lovell，2003），分别为：表征由于制度变迁引起的资源要素配置效率变化的综合技术效率（Technical Efficiency Change，TEC）和表征由于技术创新或者新技术引入从而造成生产可能前沿面外移的技术进步（Technological Change，TC）。后续学者在 Ray 和 Desli 分解的基础上进一步分解了综合技术效率，将其划分为：表征由于管理、制度及分工引起 TEC 变化的纯技术效率指标（Pure Technical Efficiency Change，PTEC）和表征由于生产规模变化的规模效率指标（Scale Efficiency Change，SEC）。

2. 探索性空间数据分析方法

通过运用该方法来分析长江经济带 GTFP 的空间分布属性。在实际的空间计量分析中，空间依赖性的经验判断和处理相对困难，Moran's I、局部空间统计量（Local Indicators of Space Association，LISA）集聚图等可以直观地显示不同要素的集聚类型和显著性水平。本部分采用常规的空间自相关 Moran's I 统计量及反映空间集聚的 LISA 集聚地图来描述长江经济带 GTFP 的空间集聚变化。

(二) 变量选择

基于效率测度的基本原理，同时考虑到数据的可获取性以及实际经济发生过程，本部分从投入和产出两个维度构建 GTFP 测算指标体系，相关具体变量含义如表 6-1 所示。

表 6-1　　　　　　　　绿色全要素生产率测算指标体系

变量性质	一级指标	指标内容含义	指标具体名称	单位
投入	投入变量	区域劳动投入量	年末就业人数	千人
		区域资本投入存量	资产存量	亿元
		区域技术投入量	发明专利授权量	件
	能源资源消耗指数	区域煤炭消费总量	煤炭消费量	万吨
		区域汽油消费总量	汽油消费量	万吨
		区域天然气消费总量	天然气消费量	亿立方米
		区域水资源消费总量	全年供水总量	万立方米
		区域土地资源消费总量	建成区面积	平方千米
		区域电力消费总量	电力消费量	亿千瓦小时
产出	产出变量	区域人均生产价值	人均地区生产总值	元
	环境污染指数	区域废水排放量	废水排放总量	万吨
		区域废气排放量	工业废气排放总量	亿标立方米
		区域烟尘排放量	烟尘排放量	吨
		区域二氧化硫排放量	二氧化硫排放总量	吨
		区域环境破坏损失	区域直接经济损失	亿元
		区域环境危险物	危险废物产生量	万吨

(三) 数据来源及处理

本部分以长江经济带 11 个省市为决策单元，样本期为 2004—2015 年，相关数据如劳动投入、技术投入以及人均地区生产总值来源于 EPS 数据库区域经济数据子库；能源资源消耗指数和环境污染指数通过熵权法综合得到，构成上述指数的基础变量数据来自《中国能源年鉴》和《中国环境统计年鉴》。

三 长江经济带绿色全要素生产率评价的实证结果分析

运用 DEA-Malmquist 指数法，利用 DEAP2.1 软件测算得到长江经济带 11 个省市的 GTFP，具体如表 6-2 所示。

表 6-2 2005—2015 年长江经济带绿色全要素生产率测算结果

年份	2005	2006	2007	2008	2009	2010	2011	2012	2013	2014	2015
安徽	1.048	0.964	1.055	0.602	1.007	1.315	1.122	0.928	1.047	1.736	0.883
贵州	1.245	0.930	0.941	1.090	1.250	1.148	1.470	0.763	0.793	1.333	0.905
湖北	1.089	1.037	0.977	1.167	1.133	1.099	1.301	0.757	0.773	1.173	1.009
湖南	1.284	1.017	1.125	0.983	1.197	0.937	1.392	0.726	0.689	1.264	1.190
江苏	1.269	1.067	1.130	0.948	1.204	0.928	1.257	0.817	0.785	1.089	1.268
江西	1.265	1.081	1.256	0.895	1.163	0.918	1.292	0.777	0.776	0.987	1.351
上海	1.054	0.990	0.851	1.063	0.927	1.106	1.282	0.662	0.816	1.035	0.935
四川	1.211	0.927	0.967	0.973	1.121	0.982	1.395	0.599	0.726	1.850	0.737
云南	1.240	0.969	1.023	0.940	1.220	0.835	1.081	0.825	0.886	1.176	0.789
浙江	1.206	0.914	1.057	0.928	1.218	0.840	1.064	0.763	0.918	1.316	0.821
重庆	1.325	0.891	1.150	0.921	1.301	0.830	1.036	0.809	0.977	1.133	0.908
上游	1.255	0.929	1.020	0.981	1.223	0.949	1.246	0.749	0.846	1.373	0.835
中游	1.172	1.025	1.103	0.912	1.125	1.067	1.277	0.797	0.821	1.290	1.108
下游	1.176	0.990	1.013	0.980	1.116	0.958	1.201	0.747	0.840	1.147	1.008
总体	1.203	0.981	1.048	0.955	1.158	0.994	1.245	0.766	0.835	1.281	0.981

（一）动态演进规律

由表 6-2 可知，首先，样本期内，长江经济带总体 GTFP 变动幅度较大，总体上呈现波浪式变化，并不稳定，特别是 2006 年、2008

年、2010年、2012年、2013年和2015年的GTFP均值都小于1,也就是说上述年份的GTFP为非DEA有效。从GTFP的变化原因来看,综合技术效率的下降拉低了GTFP,而技术进步的提升作用并不明显。进一步分解综合技术效率指数可知,规模效率和纯技术效率共同拉低了综合技术效率。其次,就长江经济带11个省市而言,GTFP变化均值呈现三个上升高峰和三个下降波谷的特征,三个上升高峰分别出现在2004—2005年、2010—2011年和2013—2014年,其中,2013—2014年GTFP的上升幅度最大,上升了约22%。三个下降波谷分别出现在2005—2006年、2008—2009年和2014—2015年,其中,2005—2006年GTFP的下降幅度最大,下降了约55%。

(二) 地区差异分析

首先,2005年,长江经济带11个省市GTFP均值都大于1,也即全部达到生产前沿面,实现DEA有效。2015年,仅有63.63%的省市GTFP均值大于1。分省市结果和总体结果都显示,2005—2015年,长江经济带GTFP总体呈现下降趋势。其次,从个别省市的变化情况看,2005年,GTFP最高的是重庆,最低的是安徽,2015年,GTFP最高的是江西(1.351),最低的是四川(0.737),部分省市GTFP的下降幅度偏高。这显示出随着经济社会的发展,一些省市高度注意处理经济发展、资源能源利用和生态环境保护的关系,极大地促进了GTFP的提升。而另外一些省市则没有很好地实现经济—资源—环境系统的协调,导致从DEA有效转变为DEA非有效。最后,从上游、中游、下游三大经济区域来看,样本期内,GTFP均值从低到高依次为长江下游(1.003)、长江上游(1.006)、长江中游(1.03),均值皆大于1。其中,长江下游地区虽然是长江经济带经济最发达的区域,但GTFP水平却排在三大经济区的末位,从综合指数分解的情况看,该地区GTFP相对较低的原因主要在于综合技术效率的相对偏低,也即资源要素配置效率较低。长江中游地区的GTFP水平在2004—2015年明显高于其他地区,从综合指数分解的情况看,绿色技术进步促进了该地区GTFP的提升;从绿色综合技术效率水平分解来看,绿色纯技术效率的拉动作用较为明显,一种可能的解释是长江中游城市群区域协同创新对GTFP的提升作用比其他地区更为明显。

(三) 空间集聚特征

通过 Z 统计量检验,Moran's I 指数大都在 1% 的水平上显著(见表 6-3)。首先,从具体时间点来看,2006 年和 2012—2015 年,长江经济带 GTFP 在 1% 的显著性水平上出现正的相关性,这说明 GTFP 高的地区和低的地区分别出现了相对集聚的现象,也即 GTFP 较高的省市彼此邻近,GTFP 较低的省市也彼此邻近。其次,从时间轴来看,Moran's I 的值随着年份的变化有波动上升的趋势,从负向波动上升到正向,反映了长江经济带各省市之间的联系越来越紧密,GTFP 的空间相关性也越来越显著,空间分布的集聚现象在逐步增强。最后,从集聚区的变化情况看,长江经济带 GTFP 集聚区的空间位置大致保持不变,但是随着时间的推移,空间范围有所变化。通过 GeoDa 软件可以得出 LISA 集聚信息,本部分将长江经济带 GTFP 划分为"低—高集聚区"(L—H)"高—高集聚区"(H—H)"低—低集聚区"(L—L)"高—低集聚区"(H—L)。HH 表示某省市与周边省市的 GTFP 水平均较高;H—L 表示某省市 GTFP 水平较高,但周边省市则相对较低;L—H 说明某省市的 GTFP 水平较低,但周边省市则相对较高;L—L 表示某省市与周边省市的 GTFP 水平均较低。综合来看,样本期内,长江经济带大部分省市的 GTFP 呈现分散特点,部分地区呈现集聚趋势,从下游逐渐扩散到上游地区,集聚地区基本位于东部和西部,中部无变化。LISA 集聚信息显示,集聚区域特征主要表现为"高—高集聚区"(H—H)"低—高集聚区"(L—H)"低—低集聚区"(L—L)集聚。以 2005 年和 2015 年两个年份为代表,样本期内,集聚区最开始出现在下游的江苏和浙江地区,随着时间的变化,逐渐扩展到上游的云南地区,其中,江苏地区由 2005 年的"低—高集聚区"(LH)扩展到 2015 年的"高—高集聚区"(H—H);浙江地区 GTFP 一直呈现"低—高集聚区"(L—H)的态势,一种可能的解释是随着时间的迁移,江苏技术进步的空间溢出效应较浙江更为明显,能够显著促进周边省市 GTFP 的提升;云南地区在 2005 年并未呈现集聚态势,2015 年则呈现"低—低集聚"(L—L)特征(见表 6-4)。

表6-3 长江经济带绿色全要素生产率空间自相关 Moran's I 指数

年份	Moran's I	Z(I)	P值	年份	Moran's I	Z(I)	P值
2005	-0.1560	-1.734	0.0819	2011	-0.3286	-1.158	0.1050
2006	0.0034	5.163	0.0000	2012	0.1732	3.762	0.0002
2007	-0.1555	-3.545	0.0004	2013	0.2680	8.763	0.0000
2008	-0.1546	-3.159	0.0016	2014	0.2255	6.433	0.0000
2009	-0.1555	-3.511	0.0004	2015	0.0351	7.856	0.0000
2010	-0.3430	-1.299	0.0800				

表6-4 特定年份长江经济带绿色全要素生产率 LISA 集聚

年份＼类型	H—H	L—L	L—H	H—L
2005	—	—	江苏、浙江	—
2015	江苏	云南	浙江	—

注："—"表示该类型下无区域集聚。

四 影响因素的识别与实证分析

(一) 研究方法

考虑长江经济带11个省市面板数据的线性回归模型：

$$y_{it} = X_{it}\beta + v_i + \varepsilon_{it} \tag{6-1}$$

式中，面板数据 $i=1,2,\cdots,n$；$t=1,2,\cdots,T$。随机变量 $v_i = i.i.dN(0,\sigma_v^2)$ 与 $\varepsilon_{it} = i.i.dN(0,\sigma_\varepsilon^2)$ 独立不相关。在运用DEA模型测算效率时，取值受限于1。对于取值受限的变量，采用极大似然估计的Tobit模型更适合处理此类数据。β 为待估参数，X_{it} 为解释变量向量，y_{it} 为被解释变量取值向量。本部分根据前文理论模型及实际情况选取地方政府对环境保护的支持力度（e_{it}）、环境规制水平（cha_{it}）、科技创新意识（lat_{it}）作为环境情境，市场结构（str_{it}）、对外开放程度（op_{it}）、从业人员增长率（n_{it}）、投资率（s_{it}）作为经济情境分析其对长江经济带 11 个省市绿色全要素生产率的具体影响：

$$GML_{it} = \alpha + \beta_1 \ln e_{it} + \beta_2 \ln cha_{it} + \beta_3 \ln lat_{it} + \beta_4 \ln str_{it} + \beta_5 \ln op_{it} + \beta_6 \ln n_{it} + \beta_7 \ln s_{it} + \varepsilon_{it} \quad (6-2)$$

其中，地方政府对环境保护的支持力度（e_{it}）使用环境污染治理投资占 GDP 比重（%）衡量；环境规制水平（cha_{it}）使用排污费解缴入库金额/排污费征收金额（亿元）衡量；科技创新意识（lat_{it}）使用万人专利申请量衡量，万人专利申请量 = 专利申请量/[（上一年年末人口数 + 当年年末人口数）/2]；市场结构（str_{it}）使用规模以上工业企业个数衡量，即工业企业数量越多预示市场竞争越激烈；对外开放程度（op_{it}）使用外商直接投资（FDI）表示；从业人员增长率（n_{it}）为年末从业人员增加数除以该年从业总人数；储蓄率越高，投资率越高，投资率（s_{it}）使用（资本形成 + 净出口）/GDP 表示。

（二）实证结果分析

本节首先考察基准回归下的长江经济带绿色全要素生产率影响因素，然后通过分组分析长江经济带不同区域绿色全要素生产率的实证影响。如前文所述，绿色全要素生产率值呈现截断型特征，为了有效校正估算偏差，本部分采用面板 Tobit 模型，设定右截断数值为 2，左截断数值为 0。模型的 Wald 检验结果表明估计结果均通过检验，面板数据的协整性等条件也得到很好满足，说明模型设定较为合理。

1. 长江经济带总体回归结果分析

环境规制总体上有助于提升长江经济带绿色全要素生产率，环境规制增加企业生产成本，有效弥补消费者损失，从而刺激企业学习提升环境治理水平，进而提升绿色全要素生产率。长江经济带总体生态文明制度建设已成为国家战略，有效遏制了企业排污等有害于区域环境的生产行为，从而提升了该区域的绿色全要素生产率水平。总体方程中仅对外开放程度（op_{it}）的回归系数显著为负，表明对外开放程度每变化一个单位，长江经济带绿色全要素生产率将降低 0.445，这与实际存在差别，即从总体上看，长江经济带作为重要的经济走廊，对外开放程度对其影响深远。但总体的估计结果显示为负向相关，这主要是由于长江经济带各地区存在显著的异质性，因而从总体分析还存在一定差别。分区域来看，"一带一路"倡议以及其他的对外开放国家战略在长江上游、中游、下游均存在不同程度的影响。因此，本部分根据异质性区分了长江经济带不同区域的估计模型。

2. 长江经济带分区域回归结果分析

环境保护的支持力度（e_{it}）、环境规制水平（cha_{it}）和科技创新意识（lat_{it}）均在一定的显著性水平上对长江经济带绿色全要素生产率产生正向影响，而现阶段投资率则在1%的水平上对长江经济带绿色全要素生产率产生负向影响。从正向影响来看，环境保护对长江下游绿色全要素生产率具有积极作用，通过整合工业企业配置资源，在转移工业企业后有效改善了现阶段长江下游地区的绿色水平；从环境规制来看，排污费征收额通过市场机制的作用有效抑制了长江下游地区的污染情况；科技创新意识则体现该地区的人力资本储备情况，长江下游地区经济发展水平较高，有效吸引了部分高素质人才，因而提高该地区科技创新意识，可有效提升该地区绿色全要素生产率水平。在负向影响方面，投资率变化对长江经济带上游、中游、下游的绿色全要素生产率均存在负相关关系，即现阶段长江经济带各地区均不再以投资为主，投资增加降低了各地区的绿色全要素生产率（见表6-5）。

表6-5　　长江经济带总体及分区模型实证结果比较分析

变量	模型（1）长江经济带	模型（2）长江下游	模型（3）长江中游	模型（4）长江上游
环境情境				
环境保护的支持力度e_{it}	-0.00087	0.059***	-0.141	0.107
	(0.0561)	(0.0149)	(0.0905)	(0.140)
环境规制水平cha_{it}	0.0206*	0.0438*	-0.085***	-0.188***
	(0.00639)	(0.0254)	(0.0291)	(0.0832)
科技创新意识lat_{it}	0.00446	0.0215**	0.032**	-0.0443
	(0.003)	(0.00529)	(0.0264)	(0.0283)
经济情境				
市场结构str_{it}	-0.0126	-0.326	0.064	-0.16
	(0.0456)	(0.243)	(0.130)	(0.202)

续表

变量	模型（1）	模型（2）	模型（3）	模型（4）
	长江经济带	长江下游	长江中游	长江上游
对外开放程度op_{it}	-0.445***	-0.74	0.199***	0.248***
	(0.0725)	(0.457)	(0.0304)	(0.0282)
从业人员增长率n_{it}	-0.0204	-0.425	1.052	-0.0114
	(0.217)	(0.297)	(0.646)	(1.063)
投资率s_{it}	-0.271	-1.968***	-1.469*	-1.148***
	(0.165)	(0.747)	(0.755)	(0.355)
常数项	1.532***	10.32*	-0.0134	1.686*
	(0.472)	(5.503)	(2.099)	(1.019)

注：括号内的数据为标准差值；*** 表示 $p<0.01$，** 表示 $p<0.05$，* 表示 $p<0.1$。
资料来源：笔者根据 Stata13.0 绘制整理。

科技创新意识和对外开放程度均有效促进了长江中游地区的绿色全要素生产率。长江中游地区的大学生人数居于世界前列，人力资本储量充足，因而在一定程度上可提高该地区的科技创新意识，从而提升中游地区的绿色全要素生产率。从产出弹性来看，其科技创新意识带来的产出弹性值在三个地区中最高，由此可见，长江中游地区的人力资本对其绿色发展尤为重要。对外开放程度也在1%的水平上促进了长江经济带绿色全要素生产率的提升，对外开放程度对长江经济带绿色全要素生产率的产出弹性高于长江中游的0.049。由此可见，现阶段"一带一路"倡议等带来的积极效应明显提高了长江中游和上游的绿色全要素生产率（见表6-5）。

（三）提升模式选择

对于如何提升长江经济带绿色全要素生产率未明确，同时面板数据回归在影响因素变量相互之间可能存在相关关系，统计分析中多重共线性问题难以避免；在回归分析的实证中，内生性一直是个重要问题。因此，本部分引入可以同时处理变量间多重交互、结果非对称及模式等效问题的模糊定性比较分析（Fuzzy - set Qualitative Comparative Analysis，fsQCA）。fsQCA 的本质是一种韦伯式的思想实验，它假定因果关系是复杂的、可替代的,认为同一个社会现象的发生存在不同的原因组合。这些原因组合都可以被看作可能的集合理想路径,进而可以通过对一致性(Consistency)和覆盖度(Coverage)两个重要参数的控制,评判出最具解释力的逻辑条件组合,最终得到现象的理论化解释。对本部分来说,模糊定性比较分析是一种合适的分析手段。首先,提升绿色全要素生产率的定性比较分析可以通过充分条件与必要条件对逻辑关系进行梳理。其中,充分条件刻画了解释变量对被解释变量的影响,而必要条件则刻画了被解释变量对解释变量的影响,可在一定程度上处理这种内生性问题。其次,定性比较分析介于统计分析与案例分析之间,其分析结果的科学性依赖于样本的代表性,这是三者研究的共性所在。最后,本部分选择 11 个长江经济带省级区域作为研究对象,样本量偏小,而处理小样本数据也正是定性比较分析的强项。

定性比较分析中组合的逻辑关系借助布尔代数(Boolean Algebra)表示,常用的有:*表示"并且",~表示"非",+表示"或者"。如果变量 X 包含于变量 Y,就可以认为变量 X 是变量 Y 的充分条件。反之,若 X 包含 Y,则认为变量 X 是 Y 的必要条件。一致性和覆盖度是定性比较分析采用的两个主要指标,计算公式如下:

$$Consistency(X_i \leq Y_i) = \frac{\sum \min(X_i, Y_i)}{\sum (X_i)} \qquad (6-3)$$

$$Coverage(X_i \leq Y_i) = \frac{\sum \min(X_i, Y_i)}{\sum (Y_i)} \qquad (6-4)$$

式中,X_i 表示个体 i 在组合 X 中的隶属度,Y_i 表示个体 i 在结果 Y 中的隶属度。一致性的大小范围为 0—1,取值为 1 时,表明 X 完全隶属于 Y。本章参考 Fiss 的研究,将一致度的检验值选定为 0.75。此外,选取各指标的中位数(50 分位)作为对应的转捩点(Crossover Point),并分别使用 25 分位和 75 分位值作为对应的完全非隶属度和完全隶属度。同时,采用 Ragin 提供的直接法(Direct Method)完成最终的校准。

借助 Stata13.0 软件运算,得到长江经济带全要素生产率提升模式的充分必要矩阵。如表6-6所示，表中右上方为必要条件矩阵，而左下方为充分条件矩阵。从充分条件上看，从业人员增长率（n_{it}）的充分条件值为0.574，已经是长江经济带全要素生产率提升充分条件中的最高值，没有达到0.75的临界值，其余变量对象的充分条件值排序为：环境保护支持力度（e_{it}）>对外开放程度（op_{it}）>环境规制水平（cha_{it}）>市场结构（str_{it}）>科技创新意识（lat_{it}）>投资率（s_{it}）。这就说明，从充分性来看，单个因素的充分性水平均较低，因此各因素并非影响长江经济带全要素生产率的充分条件。从必要条件上看，从业人员增长率（n_{it}）的必要条件值为0.620，仍然是长江经济带全要素生产率提升必要条件中的最高值，也没有达到0.75临界值，其余变量对象的必要条件值排序为：环境规制水平（cha_{it}）>市场结构（str_{it}）>环境保护支持力度（e_{it}）>科技创新意识（lat_{it}）>对外开放程度（op_{it}）>投资率（s_{it}）。从必要性条件来看，各因素对长江经济带全要素生产率的解释力均未超过0.75的临界值，即各因素不构成必要条件。充分必要矩阵的结果说明，各单因素均不能构成长江经济带全要素生产率的充分必要条件，即单一技术改造投资占固定资产投资比重因素的影响无法带来长江经济带全要素生产率的必然提升，因此寻求影响因素的组合成为解决这一问题的最优决策。

表6-6　单项影响因素对长江经济带绿色全要素生产率
提升模式的充分必要矩阵

变量	1	2	3	4	5	6	7	8
GML_{it}	1.000	0.556	0.571	0.549	0.569	0.544	0.620	0.474
e_{it}	0.540	1.000	0.624	0.613	0.574	0.577	0.666	0.583
cha_{it}	0.531	0.597	1.000	0.664	0.774	0.680	0.648	0.472
lat_{it}	0.524	0.602	0.681	1.000	0.800	0.866	0.615	0.457
str_{it}	0.529	0.55	0.774	0.779	1.000	0.791	0.601	0.404
op_{it}	0.533	0.582	0.716	0.889	0.834	1.000	0.607	0.434
n_{it}	0.574	0.635	0.644	0.596	0.599	0.574	1.000	0.545
s_{it}	0.465	0.588	0.497	0.469	0.425	0.434	0.577	1.000

注：右上方为必要条件矩阵，左下方为充分条件矩阵。

资料来源：笔者根据Stata13.0软件整理得到。

表6-7给出了长江经济带全要素生产率的四种组合式提升模式，表达式分别为 $e*cha*LAT*str*OP*n*s \rightarrow GML$，$e*cha*lat*STR*n*s \rightarrow GML$，$e*cha*LAT*op*N*s \rightarrow GML$，$E*cha*LAT*STR*OP*s \rightarrow GML$，其中，*表示一种组合方式的连接符号，→表示对GML的提升作用。总的一致性（Solution Consistency）为0.834，覆盖率（Total Coverage）为0.141，由此，提高长江经济带全要素生产率可以组合为四种模式。这四种模式在提升长江经济带全要素生产率方面具有同等效用，是可替代的。从模式1来看，总的一致性为0.893，原始覆盖率（Raw Coverage）为0.049，唯一覆盖率（Unique Coverage）为0.009。结合表6-5，其中较高的科技创新意识和低程度的对外开放程度是核心条件强实点，而环境保护的支持力度的缺乏、环境规制水平提升、市场结构不合理、从业人员增长率以及投资率下降为边缘条件弱虚点。这表明，在长江经济带绿色全要素生产率提升的过程中，若部分区域缺乏强有力的环保支持力度，并且出现投资率下降，科技意识的提升及对外开放低程度均能够在一定程度上提高全要素生产率，充分挖掘科技创新带来的要素配置及利用。模式2的表达式为 $e*cha*lat*STR*n*s \rightarrow GML$，仅仅将市场结构作为核心条件强实点，剔除了对外开放程度的影响，其余均作为边缘条件存在。这表明在模式2的情况下，优化市场结构对提升长江经济带全要素生产率具有较大的帮助，有助于减少不必要的污染源。模式3与模式1保留了相同的边缘条件，即 $*cha*s$。虽然与模式1具备相同的核心条件即强实点科技创新意识（LAT），但是模式3认为从业人员增长率能够有助于提升长江经济带全要素生产率。模式4剔除从业人员增长率对长江经济带绿色全要素生产率产生的影响，保留模式1、模式2、模式3的投资率以及环境规制的边缘条件弱虚点，其余变量均为核心条件强实点。不同于模式1、模式2、模式3聚焦到市场以及社会，模式4更关注政府在长江经济带绿色全要素生产率提升过程中扮演的重要角色。模式1、模式3和模式4中科技创新意识在组合式提升模式的影响因素中处于首要位置，这也就说明现阶段长江经济带绿色全要素生产率提升更需要公共参与，提升创新意识。

表6-7　　　长江经济带绿色全要素生产率提升模式汇总

变量	模式1	模式2	模式3	模式4
环境保护的支持力度 e_{it}	○	○	○	●
环境规制水平 cha_{it}	○	○	○	○
科技创新意识 lat_{it}	●	●	●	●
市场结构 str_{it}	○	●		
对外开放程度 op_{it}	●		○	●
从业人员增长率 n_{it}	○	○	●	
投资率 s_{it}	○	○	○	○
一致性	0.893	0.848	0.894	0.83
原始覆盖率	0.049	0.073	0.04	0.076
唯一覆盖率	0.009	0.037	0.003	0.043
覆盖率	0.141			
总的一致性	0.834			

注：○表示变量条件缺乏（弱虚点），●表示变量条件存在（强实点），空白表示出现与否不影响结果。

资料来源：笔者根据Stata13.0软件整理得到。

五　基本结论

本章运用DEA-Malmquist生产指数法测算2004—2015年长江经济带的GTFP，结果显示，长江经济带GTFP的总体变化主要依靠技术进步，综合技术效率作用并不明显。而从GTFP的时间演化规律和空间分布特征看，第一，时间动态演化规律表明，长江经济带GTFP动态演进总体呈现下降趋势，下降幅度约为3%；GTFP呈现不规律的时间变化，数值变化特征显示其先降后升然后降低的趋势；从GTFP的变化原因来看，技术退步为主要原因，而综合技术效率下降为次要原因；分解综合技术效率可知，规模效率和纯技术效率共同拉低了综合技术效率，进而"拖累"了GTFP。第二，就样本期内GTFP的区域差异而言，2015年，从分省的情况看，大部分省市的GTFP达到生产前沿面，实现了 DEA 有效；从分区域的情况看，长江中游的 GTFP 均值最高，长江下游则最低。第三，空间集聚特征显示，样本期内长江经济带各省市 GTFP 的空间相关性也越来越显著，空间分布的集聚现象在逐步增强。

第七章　长江经济带省域绿色创新效率的时空分异特征及影响因素[*]

在绿色生态理念下，如何有效提高长江经济带绿色创新效率，发挥其绿色经济支撑带作用，对推动中国经济提效增速具有重要意义。基于绿色创新视角，选用长江经济带 11 个省市 2005—2014 年的面板数据，运用含非期望产出的 SBM 模型和空间探索性数据分析（ESDA）方法，评价长江经济带的绿色创新效率及其空间分异特征，并采用面板 Tobit 模型对长江经济带绿色创新效率的驱动机制进行回归分析。结果表明：长江经济带绿色创新效率总体上不断提高，但还存在较大的改善空间；空间自相关分析显示，长江经济带绿色创新效率自 2009 年开始存在显著且不断加强的集聚趋势，局部空间集聚不断趋于高高集聚，且高高集聚主要集中于上游、下游流域；从影响长江经济带绿色创新效率的因素来看，企业污染成本、技术市场成熟度与市场开放程度对绿色创新效率具有显著的正向影响，有利于绿色创新效率的提高，环境规制强度与绿色创新效率呈倒"U"形，具有明显的拐点效应，产业结构对绿色创新效率的影响不显著。据此，从加强流域绿色创新合作、改善技术市场环境、提高环境规制效率等方面提出提升长江经济带绿色创新效率的政策建议。

---

[*] 本章主要内容刊载于杨树旺、吴婷、李梓博《长江经济带绿色创新效率的时空分异及影响因素》，《宏观经济研究》2018 年第 6 期。

一 研究背景

长江经济带横跨我国东中西部，连接中国经济最发达的长三角流域，与沿海经济带共同构成中国经济发展的"T"形格局，具有强大的发展辐射力和影响力。然而，长江经济带集聚了许多高污染、高能耗产业，环境污染、资源短缺已成为制约长江经济带战略发展的重要因素。同时，工业化过程中高耗能产业内移趋势不断加强，长江经济带发展的不可持续性、不均衡问题凸显（汤维祺，2016）。2016年《长江经济带发展规划纲要》提出"生态先行、绿色发展"的基本思路，既要"金山银山"又要"绿水青山"的发展目标离不开创新的驱动作用。以绿色为发展理念、以创新为发展动力，提高长江经济带绿色创新能力，实现长江经济带绿色可持续发展势在必行。绿色创新过程是一个包含资源投入、创新产出和环境效益的复杂系统，有效地评价和提升长江经济带绿色创新效率对于中国经济转型升级、跨越式发展具有重要意义。

20世纪90年代开始，绿色创新成为学术界研究的热点，在传统创新概念的基础上，环境污染、资源浪费被纳入创新研究体系，先后有生态创新、环境创新、可持续创新与绿色创新四种概念被提出来，其基本含义都是指以环境保护和可持续发展为目标展开的创新活动（Renning，2000），包含生产、工艺、产品及管理等方面的创新（Arundel，2007）。研究内容主要从测度方法和影响因素两个方面展开。Qi（2010）和Cheng（2014）利用问卷数据结合因子分析法对企业绿色创新能力进行了测度，同时分析了生产、产品和组织三种不同类型创新之间的关系。国内学者华振（2011）同样运用因子分析方法计算东北三省的绿色创新能力。在绿色创新效率的测度上，DEA方法得到了较为广泛的应用，韩晶（2012）基于BCC模型、孔晓妮（2015）运用双径向—双目标DEA模型测算了中国各省区的绿色创新效率，发现东部创新效率明显高于中西部地区。任耀（2014）运用RAM-DEA对山西省绿色创新效率进行了测算并分析了差异。张江雪（2015）运用2009年数据，采用四阶段的DEA模型将绿色创新效率进行分解，认为中国东部规模创新效率较低，中西部技术创新效率较低，其中，山西省的技术创新效率最低；而牛彤（2015）通过运用 SBM - DEA 模型计算中国创新效率，认为山西省绿色创新效率提升的潜力较大。关于绿色创新影响因素的分析，Triguero（2013）基于 23 个欧洲国家中小企业的数据从市场供需角度对不同类型绿色创新效率的影响机制进行了研究。Qi（2010）研究了绿色创新主体（企业管理者的关注点、政府环境法规和利益相关者的压力）对绿色创新的影响。Brunnermeier（2003）认为，绿色创新更可能发生在有国际竞争的行业中，毕克新（2014，2015）基于国际视角研究技术转移和创新资源投入对绿色创新绩效的影响机理。

无论是国外学者还是国内学者，对绿色创新的研究都集中在企业、行业或省域层面，很少对特定经济区或者经济流域的绿色创新进行研究，同时，要素流动、技术溢出、污染排放、创新等都表现为空间上相互依赖、相互影响，上述研究大多忽略了绿色创新作为具有空间属性的数据，可能存在的空间相关性。国内学者付帼（2016）分析了中国省域绿色创新度的空间格局演进，但关于绿色创新效率空间分异的研究比较缺乏。本部分以长江经济带九省二市作为研究对象，运用含非期望产出的 SBM 模型（Undesirable - SBM）测算长江经济带 2005—2014 年的绿色创新效率，结合空间探索性数据分析方法（ESDA）探求长江经济带绿色创新效率的全局和局部空间差异性，同时，通过 Tobit 回归分析方法探究长江经济带绿色创新效率的驱动机制。拟解决以下三个问题：长江经济带绿色创新效率在时空上是如何变化的，长江经济带绿色创新效率在空间上是如何相互影响的，如何提高长江经济带绿色创新效率。

二　研究模型的设计

（一）研究方法

1. SBM - DEA

数据包络分析（DEA）的基本原理是通过决策单元空间数据构建

非参数的包络前沿面，在前沿面上的都属于有效点，而置于前沿面外的则属于无效点。Tone（2003）提出的非径向非角度 SBM 模型克服了传统 CCR 与 BCC 模型没有考虑投入产出松弛变量对模型估算可靠性的影响，将松弛变量加入目标函数，能够有效解决包含污染变量的效率测度问题。基本思想如下。

假设一个系统中决策单元的个数为 n，每一个决策单元包含投入（X）、期望产出（Y^g）及非期望产出（Y^b）三个变量。定义 X、Y^g、Y^b 的矩阵如下：$X = [x_1, x_2, \cdots, x_n] \in R_{m \times n}$，$Y^g = [y_1^g, y_2^g, \cdots, y_n^g] \in R_{s1 \times n}$，$Y^b = [y_1^b, y_2^b, \cdots, y_n^b] \in R_{s2 \times n}$，其中，$X > 0$，$Y^g \geq 0$，$Y^b > 0$。定义生产可能集为 $p = \{(x, y^g, y^b) \mid x \geq X\lambda, y^g \leq Y^g\lambda, y^b \geq Y^b\lambda, \lambda \geq 0\}$。

SBM 模型的线性规划形式如下所示：

$$\rho^* = \min \frac{1 - \frac{1}{m} \sum_{i=1}^{m} \frac{s_i^-}{x_{i0}}}{1 + \frac{1}{s_1 + s_2} \left(\sum_{s2}^{s1} \frac{s_r^g}{y_{r0}^g} + \sum_{r=1}^{s2} \frac{s_r^b}{y_{r0}^b} \right)}$$

$$\text{s.t.} \begin{cases} x_0 = X\lambda + s^- \\ y_0^g = Y^g\lambda - s^g \\ y_0^b = Y^b\lambda + s^b \\ \lambda, s^-, s^g, s^b \geq 0 \end{cases}$$

式中，$0 \leq \rho^* \leq 1$，且对于 s^-、s^g、s^b 是严格递减的。s 表示松弛量，s^-、s^g、s^b 分别代表过多的投入、不足的期望产出和过多的非期望产出，λ 为各个变量的权重，目标函数 ρ^* 的分子和分母分别表示投入和产出与最优状态的偏离情况，只有投入和产出不存在冗余或不足时，决策单元才是有效的。

2. 探索性空间数据分析方法（ESDA）

全局空间自相关分析主要通过空间位置研究事物或现象的总体空间联系和空间差异状况，常用 Global Moran's I 指数表示，计算公式如下：

$$I = \frac{\sum_{i=1}^{n} \sum_{j \neq i}^{n} w_{ij}(x_i - \bar{x})(x_j - \bar{x})}{S^2 \sum_{i=1}^{n} \sum_{j \neq i}^{n} w_{ij}}$$

式中，$S^2 = \frac{1}{n}\sum_{i=1}^{n}(x_i - \bar{x})^2$，$\bar{x} = \frac{1}{n}\sum_{i=1}^{n}x_i$，$n$ 表示空间单元个数，x_i 和 x_j 分别表示第 i 个或第 j 个空间单元的观测值，w_{ij} 为二进制的邻接矩阵，空间单元相邻时，$w_{ij}=1$；空间单元非相邻时，$w_{ij}=0$。

Global Moran's I 的值域为 [-1, 1]。在给定的显著性水平下，Moran's I 越趋于 1，表明绿色创新效率相似的空间单元集聚度越高；Moran's I 越趋于 -1，表明绿色创新效率相似的区域分散度越大，差异越明显；Moran's I 无限趋于 0 时，表明绿色创新效率不存在空间相关性。

局部空间自相关可以有效分析每个空间单元与周围地区的空间差异程度，细化了事物或现象的空间关联，是对全局空间自相关的完善，用 Local Moran's I 指数表示，计算公式为：

$$I_i = Z_i \sum_{j=1}^{n} w_{ij} Z_j$$

式中，Z_i 和 Z_j 分别表示空间单元 i 和 j 观测值的标准化，w_{ij} 为空间权重矩阵。局部空间自相关通常用 Moran 散点图表示，横轴表示绿色创新效率观测值，纵轴为绿色创新效率的空间滞后值，基于两者的组合，可将长江经济带绿色创新效率的空间集聚分为四种类型：（1）H—H型：绿色创新效率高值集聚区；（2）H—L型：绿色创新效率高值区被低值区包围；（3）L—H型：绿色创新效率低值区被高值区包围；（4）L—L型：绿色创新效率低值集聚区。

（二）数据来源及处理

长江经济带连接我国九省（四川、云南、贵州、湖南、湖北、江西、安徽、浙江、江苏）二市（重庆、上海），涵盖了中国经济最为发达的长江三角洲区域，2015 年国内生产总值达 305200.23 亿元，约占全国的 45%，交通便利，人口众多，资源丰富，贯穿我国东部、中部、西部三大发展区域，对南北经济都有较大的辐射带动作用，是中国经济发展的重要支撑带。

绿色创新效率的估算需要明确投入变量、期望产出变量与非期望产出变量。选取 R&D 人员全时当量和 R&D 内部经费支出作为投入变量，科研人员与资金是创新产出最直接的保证，专利申请授权数作为绿色创新的期望产出，专利申请授权数比专利申请受理数更能保证创新产出的质量。工业"三废"（工业废气、废水排放量和工业固体废弃物产出量）是环境污染的重要来源，使用熵权法将工业"三废"综合为环境污染指数以作为非期望产出。由此，投入变量为2个，产出变量为2个，在决策单元为11个时符合DEA方法对指标数量的限制。数据来源于《中国统计年鉴》（2005—2014年）、《中国科技统计年鉴》（2005—2014年）、《中国环境统计年鉴》（2005—2014年）。

三 长江经济带省域绿色创新效率评价的实证结果分析

（一）总体情况分析

基于 Undesirable – SBM 计算的长江经济带绿色创新效率有如下特点（见表7-1）：整体而言，从时间上看，长江经济带绿色创新效率总体上不断提高，2006—2008年绿色创新效率均值有所下降，可能处于政策转型调整期，当时"十一五"规划提出建设"两型社会"，加快产业结构调整。2009年开始绿色创新效率不断提高，原因可能是国际金融危机后国家科技兴国与节能减排政策取得一定成效，Lund（2012）的研究也表明国际金融危机时的能源政策有利于经济的可持续发展。从空间上看，长江经济带的绿色创新效率呈"U"形结构，上游与下游的绿色创新效率较高，说明对绿色创新投入要素的利用度较好，中游省市的绿色创新效率较低。分区域来看，2005—2014年，上海、浙江、贵州的绿色创新效率一直处于最优水平，江苏、安徽、江西、四川的绿色创新效率总体上不断提高，其中，江苏省从2009年开始达到最优水平，重庆从2011年开始达到最优水平，湖北、湖南的绿色创新效率有所下降，云南的绿色创新效率基本保持平稳。

表 7 – 1　　　　2005—2014 年长江经济带省域绿色创新效率

年份	2005	2006	2007	2008	2009	2010	2011	2012	2013	2014	均值
上海	1.0000	1.0000	1.0000	1.0000	1.0000	1.0000	1.0000	1.0000	1.0000	1.0000	1.0000
江苏	0.3343	0.3150	0.4465	0.5360	1.0000	1.0000	1.0000	1.0000	1.0000	1.0000	0.7632
浙江	1.0000	1.0000	1.0000	1.0000	1.0000	1.0000	1.0000	1.0000	1.0000	1.0000	1.0000
安徽	0.3259	0.2895	0.3357	0.3294	0.4172	0.4720	0.7428	0.6119	0.6051	0.6201	0.4750
江西	0.3851	0.3354	0.3286	0.2992	0.3139	0.3427	0.3915	0.4009	0.4329	0.5286	0.3759
湖北	0.3166	0.2642	0.3087	0.3280	0.2536	0.3120	0.2888	0.2698	0.3027	0.2984	0.2943
湖南	0.4524	0.5053	0.4453	0.3747	0.2788	0.3509	0.3436	0.3272	0.3411	0.3820	0.3801
重庆	1.0000	0.6292	0.6200	0.4788	0.5101	0.6921	1.0000	1.0000	1.0000	1.0000	0.7930
四川	0.2770	0.3115	0.3822	0.4203	0.4283	0.6285	0.5532	0.5632	0.5931	0.6157	0.4773
贵州	1.0000	1.0000	1.0000	1.0000	1.0000	1.0000	1.0000	1.0000	1.0000	1.0000	1.0000
云南	0.6453	0.5428	0.6309	0.5065	0.6206	0.6280	0.5698	0.5454	0.6195	0.9996	0.6309
均值	0.6124	0.5630	0.5907	0.5703	0.6202	0.6751	0.7172	0.7017	0.7177	0.7677	

（二）长江经济带绿色创新效率的全局空间差异

运用 ArcGis10.2 和 GeoDa 软件测算长江经济带 2005—2014 年绿色创新效率的 Global Moran's I 指数。如图 7 – 1 和表 7 – 2 所示，Moran's I 指数均为正，说明长江经济带绿色创新效率存在明显的空间集聚性和空间依赖性，即高绿色创新效率地区与高绿色创新效率地区相邻，低绿色创新效率地区与相同水平的区域相邻。从变化趋势看，Moran's I 指数总体上不断提高，说明长江经济带绿色创新效率高的区域和绿色创新效率低的区域与自身水平相同的区域趋于集聚，且集聚趋势不断加强，区域空间差异不断缩小。分阶段看，2005—2008 年，长江经济带绿色创新效率 Moran's I 较小且统计上不显著，2009—2014 年，长江经济带绿色创新效率表现为不断增强的显著相关性，可能的原因是 2008 年国际金融危机使各区域经济依存度加强，改善经济发展质量，提高自主创新能力，发展循环经济以政治文件予以规定并细则化。

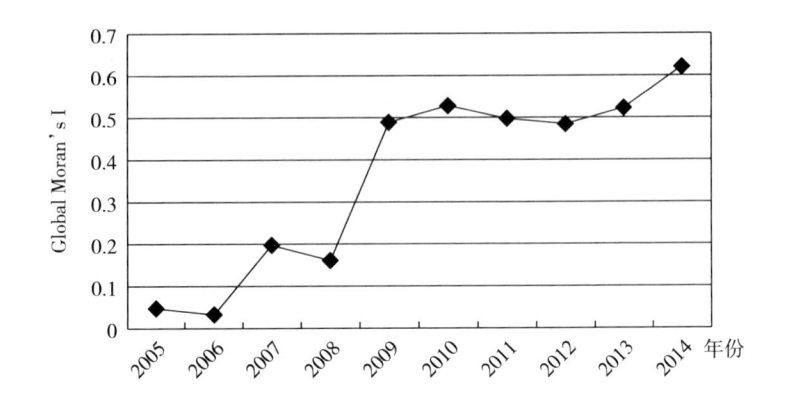

图 7-1 长江经济带省域绿色创新效率
Global Moran's I 变化趋势示意（2005—2014 年）

表 7-2　　　　　长江经济带省域绿色创新效率全局
空间自相关指数（2005—2014 年）

年份	2005	2006	2007	2008	2009
Moran's I	0.0473	0.0328	0.1968	0.1604	0.4885
Z 统计量	0.5400	0.4754	1.1161	0.9623	2.1202
年份	2010	2011	2012	2013	2014
Moran's I	0.5279	0.4971	0.4839	0.5225	0.6205
Z 统计量	2.3081	2.2013	2.1295	2.2809	2.6799

（三）长江经济带绿色创新效率的局部空间差异

全局 Moran's I 揭示了长江经济带绿色创新效率的整体集聚和分散状态，却在一定程度上隐藏了区域空间的内部联系（见表 7-3）。为进一步解释长江经济带各地区绿色创新效率的局部空间特征，选取 2005 年、2008 年、2011 年和 2014 年绿色创新效率 Moran 散点图进行研究。2005 年，各地区分布较为分散，位于 H—H 象限的省市有三个，为重庆、贵州、云南，说明绿色创新效率高，与周围联系较为密切，辐射带动能力也较强，位于 L—H 象限的为江苏和四川，说明这两个地区的绿色创新发展速度低于周边地区；位于 L—L 象限的有安徽、江西、湖北和湖南，这四个地区主要为中部地区，绿色创新效率低低集聚，经济发展方式较为粗放，与周围联系较少；位于 H—L 象限的为上海、浙江，这两个地区的绿色创新效率高于周围地区，但辐射带动能力弱。2008 年，上海由 H—L 进入 H—H，说明绿色创新效率的辐射带动能力增强；安徽由 L—L 进入 L—H，说明其周边地区的绿色创新效率发展较快；重庆、云南由 H—H 退到 L—H，说明绿色创新效率降低，周围绿色创新效率较高；四川由 L—H 进入 L—L，说明周围绿色创新效率降低；贵州由 H—H 退入 H—L，说明周围地区的绿色创新效率有所下降，其自身辐射能力在减弱。2011 年，江苏、安徽和重庆由 L—H 进入 H—H，说明其绿色创新发展较快，周围地区的带动能力也较强；贵州由 H—L 上升到 H—H，说明其周围地区的绿色创新得到了较好的发展。2014 年，云南由 L—H 进入 H—H，安徽由 H—H 进入 L—L。

表 7-3　长江经济带省域绿色创新效率局部 Moran's I 统计结果

类型	2005 年	2008 年	2011 年	2014 年
H—H	重庆、贵州、云南	上海、浙江	上海、江苏、浙江、安徽、重庆、贵州	上海、江苏、浙江、重庆、贵州、云南
L—H	江苏、四川	江苏、安徽、重庆、云南	四川、云南	四川
L—L	安徽、江西、湖北、湖南	江西、湖北、湖南、四川	江西、湖北、湖南	安徽、江西、湖北、湖南
H—L	上海、浙江	贵州		

总体而言，2005—2014 年，位于 H—H 的地区个数由 3 个上升到 6 个，说明长江经济带绿色创新效率呈现出强烈的高高集聚趋势，高高集聚地区主要趋于长江经济带上游和下游地区（见图 7-2）。究其原因，上游流域高高集聚主要是由于经济相对落后，生态环境保护较好，绿色创新基础较好，而下游流域高高集聚的改变得益于经济质量的改善，2008 年国家出台《国务院关于进一步推进长江三角洲地区改革开放和经济社会发展的指导意见》，长江三角洲地区创新能力不断提高，循环经济得到较好的发展，绿色创新辐射带动能力增强。绿

色创新效率低低集聚长期处于长江中游流域,这些地区虽然经济发展速度较快,但是发展方式相对粗放。

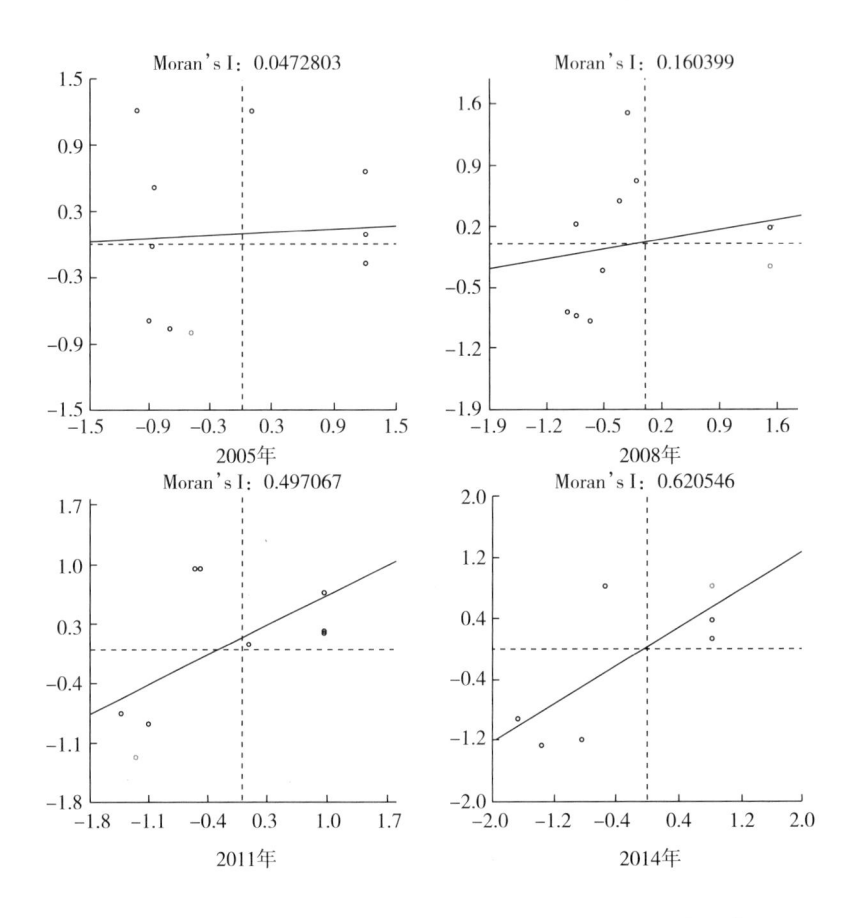

图 7-2　长江经济带省域绿色创新效率局部 Moran 散点示意

四　影响因素的识别与实证分析

(一) 影响因素的识别

绿色创新是一个多主体、多因素共同作用的复杂过程,影响绿色创新效率的因素既要包含创新因素,又要考虑到环境效益,同时还要涵盖政府和企业等市场主体的人为因素。借鉴以往学者的研究，本部分主要从企业污染成本、技术市场成熟度、环境规制强度、产业结构和市场开放程度五个方面分析对绿色创新效率的影响，以期发现提高长江经济带绿色创新效率的途径（见表7-4）。

表7-4 长江经济带省域绿色创新效率影响因素及符号表示

变量类别	变量名称	变量符号	变量定义	预期作用方向
因变量	绿色创新效率	E	SBM	
自变量	企业污染成本	EPC	排污费征收金额	+
	技术市场成熟度	MAR	技术市场成交额	+
	环境规制强度	ER	本年污染治理投资额	拐点效应
	产业结构	STR	第三产业增加值占GDP比重	不确定
	市场开放程度	$OPEN$	进出口总额	不确定

1. 企业污染成本

排污费作为"庇古税"的一种，遵循"污染者负担"原则，是企业污染成本内部化的实现途径，通过增加企业成本遏制企业外部不经济行为（徐保昌，2016），不仅直接作用于减少污染物排放，而且通过成本效应、技术激励和学习效应作用于企业的绿色创新行为。用排污费征收金额作为企业污染成本的代理变量，预期其对绿色创新效率具有正向影响。

2. 技术市场成熟度

技术市场作为知识产品交换的场所，能够有效实现创新理念向创新成果的转化，是科技作用于经济的纽带。技术市场越成熟越有利于加快创新成果转化，激活区域创新氛围，提高区域整体创新能力（曹霞，2015）。技术市场成熟度用区域技术市场成交额表示，预期技术市场越成熟，越有利于绿色创新效率的提高。

3. 环境规制强度

"波特假说"认为合理环境规制产生的"创新补偿"效应足以弥补成本效应、提升企业竞争力。Jaffe（2006）提出的"弱波特假说"虽然承认环境规制对绿色创新有激励作用，但不确定环境规制给企业带来的好处。国内学者王锋正（2015）则认为，提高环境规制强度有利于资源型产业的绿色技术创新，而李斌（2013）认为，环境规制对中国经济的绿色增长具有门槛效应。基于以上学者的研究，本部分选取本年污染治理投资额作为环境规制强度的代理指标，并取其对数的二次项验证环境规制强度对绿色创新效率是否存在拐点效应。

4. 产业结构

通常认为，绿色发展依赖于第三产业而非第二产业的发展。汤维祺（2016）认为，中国重工业由东部沿海向管制相对宽松的中西部转移，导致中西部发展的不可持续。而庞瑞芝（2016）的研究认为，中国服务业的绿色发展同样也是无效的，且无效程度不断加强。那么，产业结构对绿色创新效率是否具有影响且具有什么样的影响呢？本部分选取第三产业增加值占国内生产总值的比重代表产业结构，预期其对绿色创新效率的作用方向具有不确定性。

5. 市场开放程度

对外开放引进了国外的先进技术、高素质人才及 FDI，宽松的环境管制也导致了国际污染产业的进入，在促进中国创新能力提高的同时也带来了沉重的环境负担。孙瑾（2014）的研究表明对外开放不利于经济的绿色增长，但 Brunnermeier（2003）认为，国际市场绿色产品需求及激烈竞争有利于绿色创新效率的提高。本部分选取区域进出口总额代表区域对外开放程度，其对绿色创新效率的影响是不确定的。

数据主要来源于《中国统计年鉴》（2005—2014 年）、《中国科技统计年鉴》（2005—2014 年）、《中国环境统计年鉴》（2005—2014 年）。选取长江经济带 11 个省市 2005—2014 年的数据，评测绿色创新效率的影响因素。分析结果来自 Stata13.0。

（二）研究方法

Tobit 回归模型是因变量受到限制的一种回归模型，最早由经济学家 James Tobin 提出。Undesirable-SBM 测算出的绿色创新效率值为 0—1，属于截尾数据，运用 Tobit 回归更有效且无偏。基本模型如下：

第七章 长江经济带省域绿色创新效率的时空分异特征及影响因素

$$Y = \begin{cases} Y^* = \beta X + u & (Y^* > 0) \\ 0 & (Y^* < 0) \end{cases}$$

式中，Y^* 为截断因变量，Y 为绿色创新效率值向量，X 为自变量向量，β 为参数向量，u 为随机干扰项。

当 $Y^* > 0$ 时，基于影响因素构建如下 Tobit 回归模型，对部分呈指数增长的变量进行对数处理以消除异方差的影响。

$$E_{it} = \beta_i + \beta_2 EPC_{it} + \beta_3 \ln MAR_{it} + \beta_4 \ln ER_{it} + \beta_5 \ln ER_{it}^2 + \beta_6 STR_{it} + \beta_7 \ln OPEN_{it} + \varepsilon_{it}$$

式中，E_{it} 代表基于 Undesirable – SBM 测算出的绿色创新效率，EPC、MAR、ER、STR、$OPEN$ 分别表示企业污染成本、技术市场成熟度、环境规制强度、产业结构和市场开放程度。在面板 Tobit 混合效应模型和面板 Tobit 随机效应模型中，β_i 为定值常数，而面板 Tobit 固定效应模型中 β_i 为各观测单元的个体效应值。ε_{it} 表示随机扰动项。

（三）实证结果分析

以绿色创新效率作为因变量进行回归分析，分别使用面板 Tobit 混合效应、面板 Tobit 固定效应和面板 Tobit 随机效应进行估计，结果如表 7 – 5 所示。F 检验的结果显著地拒绝了混合效应模型与固定效应模型无差异的假定，应当接受面板 Tobit 固定效应模型，豪斯曼检验显著地拒绝了面板 Tobit 随机效应模型。因此，本部分选取面板固定效应 Tobit 回归模型分析长江经济带绿色创新效率的影响机制。

表 7 – 5　　长江经济带省域绿色创新效率影响因素回归结果

解释变量	面板 Tobit 混合效应模型 系数	T 统计量	面板 Tobit 固定效应模型 系数	T 统计量	面板 Tobit 随机效应模型 系数	Z 统计量
EPC	– 0.0007 (– 0.0076)	– 0.0900	0.0285 *** (– 0.0089)	3.2100	0.0206 ** (– 0.0083)	2.4800
MAR	– 0.1046 *** (– 0.0272)	– 3.8400	0.0559 ** (– 0.0262)	2.1300	0.0415 (– 0.0262)	1.5800
ER	– 0.6187 *** (– 0.2366)	– 2.6100	– 0.6811 *** (– 0.1378)	– 4.9400	– 0.6611 *** (– 0.1425)	– 4.6400

续表

解释变量	面板 Tobit 混合效应模型 系数	T 统计量	面板 Tobit 固定效应模型 系数	T 统计量	面板 Tobit 随机效应模型 系数	Z 统计量
ER^2	0.0699 *** (-0.0244)	2.8600	0.0632 *** (-0.0141)	4.4700	0.0634 *** (-0.0147)	4.3200
STR	2.779 *** (-0.4100)	6.7800	0.2447 (-0.3765)	0.6500	0.5455 *** (-0.3778)	1.4400
$OPEN$	0.0773 *** (-0.0296)	2.6100	0.0992 *** (-0.0325)	3.0500	0.0850 *** (-0.0308)	2.7600
常数	1.0362 ** (-0.5141)	2.0200	-0.0708 (-0.4694)	-0.1500	0.1529 (-0.4560)	0.3400
固定效应 VS 随机效应	豪斯曼检验		χ = 181.1600		p = 0.0000	
固定效应 VS 混合效应	F 检验		F = 25.1900		p = 0.0000	

注：***、**、* 分别表示在 1%、5%、10% 的水平上显著。

第一，企业污染成本的系数大于 0，表明污染成本与绿色创新效率呈显著的正相关关系，排污费征收金额的提高会增加企业产品成本，企业利润下降。为了取得竞争优势，企业通常会开展创新活动降低相应成本，污染排放也明显减少，绿色创新效率得到提高。

第二，技术市场成熟度的系数大于 0，说明技术市场越成熟，越有利于绿色创新效率的提高。发达的技术市场既有利于构造良好的创新氛围，又有利于加快创新成果的产品化、市场化，推动绿色创新效率提高。

第三，环境规制强度的回归系数小于 0，平方项系数大于 0，环境规制与绿色创新效率的关系呈倒"U"形结构，存在拐点效应，证明了"波特假说"的存在。短期来看，环境规制导致环境治理成本增加将抑制绿色创新效率的提高，长期来看，环境得到改善、创新产出增加所带来的"补偿效应"在抵消"成本效应"的同时，让企业获得额外的经济效益与环境效益，提高创新动力，促进了绿色创新效率提升。

第四，市场开放程度的回归系数大于0，市场开放程度与绿色创新效率显著正相关，否认了"污染天堂"假说的存在，与Brunner-meier（2013）的结论基本一致，区域市场开放程度的提高有益于创新资源流动，加强创新竞争，激发创新活力。

第五，产业结构与绿色创新效率不存在显著的相关性。结合庞瑞芝的研究，我国第三产业存在非绿色发展现象，致使第三产业的发展无益于绿色创新效率的提高。无论发展第二产业还是第三产业，提高创新能力、提升发展质量才是产业政策的关键。

五 基本结论

本章以长江经济带2005—2014年11个省市的面板数据为样本，运用含非期望产出的SBM模型测算了各区域的绿色创新效率，并结合探索性空间数据分析方法研究了长江经济带绿色创新效率的空间异质性，同时，从企业污染成本、技术市场成熟度、环境规制强度、产业结构和市场开放程度五个方面探究了绿色创新效率的驱动机制。结果表明：（1）长江经济带绿色创新效率均值为0.654，仍存在较大的改进空间。从时间上看，绿色创新效率呈不断上升的趋势；从空间上看，绿色创新效率呈"U"形关系，流域上游、下游效率较高，中游效率较低。（2）从绿色创新效率的空间异质性分析，长江经济带绿色创新效率全局空间集聚度不断加强，空间差异不断缩小。局部空间集聚不断趋向高高集聚，且高高集聚主要集中于上游、下游流域，低低集聚集中于中游流域。（3）企业污染成本、技术市场成熟度与市场开放程度对绿色创新效率具有显著的正向影响，环境规制强度与绿色创新效率呈倒"U"形关系，产业结构对绿色创新效率的影响不显著。企业污染成本提高会驱动企业通过创新降低成本，成熟的技术市场有助于提升创新活力、加速创新成果化，市场开放加强了创新资源流动，增强创新竞争，促进绿色创新效率的提升，环境规制初期不利于绿色创新效率提升，但当环境质量得到改善、创新产品盈利可以抵消治理成本时，环境规制有利于绿色创新效率的提高。

第八章 长江经济带城市绿色创新效率的时空分异特征及影响因素[*]

构建反映城市绿色创新效率的评价体系，基于2004—2015年面板数据，利用DEA模型测算了长江经济带36个沿线城市绿色创新效率，并采用面板Tobit模型分析绿色创新效率的影响因素。研究发现：（1）长江经济带沿线城市绿色创新效率均值为0.868，整体未实现DEA有效，城市绿色创新活动中资源节约和环境保护的改善空间还很大，2004—2015年长江经济带城市绿色创新的综合技术效率呈现先下降后上升的"V"形变动趋势；（2）长江经济带绿色创新纯技术效率水平从高至低为下游、中游和上游；绿色创新的规模效率显著地高于纯技术效率，制约长江经济带沿线城市绿色创新效率的关键因素是纯技术效率；（3）在一定的临界值内，地区经济发展水平对长江经济带城市绿色创新有显著的促进作用；外资利用水平显著促进了下游地区绿色创新效率的提升；（4）地方政府科学技术支出对长江经济带绿色创新效率有一定的抑制作用，污染治理效率和产业结构的高级化对长江经济带的绿色创新效率产生显著的正向影响。

一 研究背景

在可持续发展背景下，资源环境因素逐渐被纳入工业效率和创新

---

[*] 本章主要内容刊载于易明、程晓曼《长江经济带城市绿色创新效率时空分异及其影响因素》，《城市问题》2018年第8期。

效率的研究过程，但工业效率的研究未能考虑技术创新部门的投入与产出，没有将创新效率模型纳入其中，而创新效率的研究没有很好考虑生产部门的投入产出（能源投入），忽略了生产部门的创新效率（通过干中学获得）。绿色创新效率是"一定区域或产业，在一定时期内，综合考虑生态和资源环境要素前提下，生产和技术创新过程中各种投入要素的有效利用程度"（易明、程晓曼，2018）。绿色创新效率的研究力图将经济效率、绿色效率和创新效率纳入统一的分析框架，综合考虑生产部门和技术创新部门的投入与产出，充分考虑能源投入和生态破坏、污染排放等非期望产出的综合影响。就绿色创新效率的测评方法而言，学者们主要采用非参数的数据包络分析法（DEA）和参数的随机前沿分析法（SFA），比较而言，前者较为常见。关于 DEA 方法，最初主要采用径向的、角度的 DEA 模型，如刘（Liu）、罗良文和梁圣蓉等采用该方法测度了我国省域绿色创新效率，但是该种方法强调投入与产出要素的同比例、径向变化的限制，与现实情况不符。为了克服该模型的不足，托恩（Tone）提出了非径向、非角度的 SBM 模型，如张逸昕和林秀梅等运用该方法结合 Malmquist 指数法从静态和动态两个方面测度了我国省域绿色创新效率。但是末吉（Sueyoshi）等认为，SBM 模型方向向量的设定存在主观性，同一决策单元在不同的方向向量设定下所计算出来的效率存在偏差，并在库珀（Cooper）提出的 RAM（Range Adjusted Measure）模型基础上提出了环境 RAM 模型，实现了包含环境因素的效率测度，如姚西龙等在 RAM 模型基础上测算分析了我国总体及不同省份的工业绿色创新效率及其变化规律。在影响因素的作用机理研究方面，学者们主要研究研发投入、跨国公司技术转移、外商直接投资、政府行为、环境规制等因素对绿色工艺创新或绿色创新效率的影响。

在实证研究方面，以长江经济带为检验对象探讨其绿色创新效率的实证研究尚不多见，但已有学者开始研究长江经济带能源全要素生产率、工业生态技术创新效率等相关问题。而关于长江经济带绿色发展和创新驱动的相关研究也提出了具有重要参考价值的政策建议，如优化能源结构，提高能源资源集约节约利用水平；打破行政区域局限，建立政府间协同创新机制，促进创新要素资源自由流动；优化产业结构和布局,建立完善的产业创新和区域协同创新体系等。但是,上述政策建议较少涉及如何让创新服务于长江经济带生态文明建设和城市绿色发展,而恰恰长江经济带城市绿色转型发展最需要的创新是能够充分利用资源能源和保护生态环境的创新——绿色创新。

总体而言,相关研究有待深化的地方包括:一是完善城市维度绿色创新效率的评价指标体系。现有绿色创新效率的评估主要针对区域或企业维度,且较少关注城市层面的发展质量等重要问题。二是在实证检验对象上,长江经济带沿江城市作为长江黄金水道的重要节点,构成了绿色沿江产业发展轴。鉴于长江经济带沿线城市推进绿色循环低碳发展的必要性、创新驱动的重要性、产业转型升级的迫切性、区域协调发展的特殊性,需要以长江经济带沿线城市绿色创新效率为对象展开实证研究,提高政策建议的针对性、系统性和可操作性。

二 研究模型的设计

(一) 研究方法

目前对于创新效率的测算,主要采取生产前沿方法,包括随机前沿分析(SFA)和数据包络分析(DEA)。生产前沿方法主要根据可观察到的多投入和多产出指标,测算多个决策单元中的相对效率,通过计算各个决策单元和最优决策单元的距离给出每个决策单元的效率分数。随机前沿分析和数据包络分析的本质区别在于,前者是参数方法,而后者是非参数方法。同时,SFA 的假设要求严格,数理操作难度较大,且无法直接分析绿色创新的多产出问题。本部分选用数据包络分析(DEA)方法来测度长江经济带绿色创新效率。DEA 模型通过数学优化产生效率的前沿面,图 8-1 以七个决策单元(从 a 到 g)单投入单产出的最简单形式说明 DEA 前沿面的形成原理。DEA 前沿面为通过原点 O 和决策单元 a 的直线,它具有最高的产出—投入比。生产前沿面以下的区域即为可行的投入产出非效率组合。决策单元 a 是有效的,而低于效率线以下的决策单元 b 到 g 是无效的。图 8-1 包含截距为 0 的 OLS 回归线,它表明 OLS 模型会低估前沿面,回归生产函数无法像 DEA 那样正确地测定决策单元的规模收益。

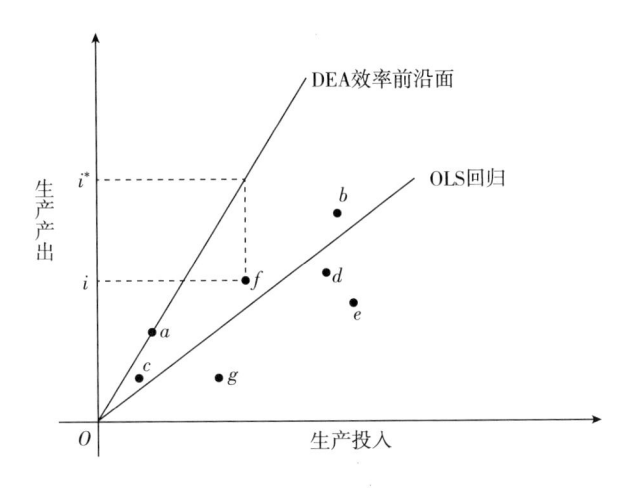

图 8-1　DEA 前沿面的举例说明

多投入多产出的效率测算与上例思路一致，位于 DEA 效率前沿面上的决策单元为 DEA 有效，其效率值为 1，而位于效率前沿面下方的决策单元为 DEA 无效。最初基于规模报酬不变（CRS）的 DEA 模型由查恩斯（Charnes）、库珀（Cooper）和罗兹（Rhodes）提出（王锋正、郭晓川，2015），之后由班克（Banker）、查恩斯（Charnes）和库珀（Cooper）进行了拓展，形成了规模报酬可变（VRS）的 DEA 模型（汪克亮等，2015）。扩展的优势在于可以将技术效率（TE）分解为纯技术效率（PTE）和规模效率（SE），且 $TE = PTE \times SE$。同时，数据包络分析包括投入导向型和产出导向型，前者在产出不变时追求更少的投入，后者在投入一定时追求更多的产出。考虑到数据结构和结果分析的全面性，本部分采用投入导向型规模报酬可变的 DEA 模型。假定决策组合中包含 n 个决策单元 DMU，每个决策单元 DMU 有 m 种要素投入和 s 种产出，则规模报酬可变情形下具有非阿基米德无穷小量（$\varepsilon > 0$）的 BCC 模型为：

$$\min[\theta - \varepsilon(e^T s^- + e^T s^+)]$$

$$\text{s.t.} \begin{cases} \sum_{j=1}^{n} x_j \lambda_j + s^- = \theta x_0 \\ \sum_{j=1}^{n} y_j \lambda_j - s^+ = y_0 \\ \lambda_j \geq 0, \quad j = 1, 2, \cdots, n \\ s^- \geq 0, \quad s^+ \geq 0 \end{cases} \quad (8-1)$$

式中，θ 为相对有效性，λ 为权重，且有 $\sum_{j=1}^{n} \lambda_j = 1$，$s^-$、$s^+$ 为松弛变量。若 $\theta_i = 1$，则 DMU_i 为 DEA 有效；若 $\theta_i < 1$，则 DMU_i 为非 DEA 有效。

（二）数据来源及处理

本部分绿色创新效率测度的对象为长江经济带主要地级以上城市，样本包括九省二市共 43 个城市，但由于湖北恩施数据缺失，万州和涪陵为重庆下属区域等问题，考虑到研究问题的需要和数据的可得性，本部分确定的决策单元为长江经济带 36 个沿线城市（见表 8-1），以《国务院关于依托黄金水道推动长江经济带发展的指导意见》为依据，根据 36 个城市的地理位置将长江经济带分为上游、中游和下游，研究的时间跨度为 2004—2015 年。

表 8-1　　　　　　　　　　决策单元城市

上游	中游	下游
攀枝花、成都、宜宾、泸州、重庆	宜昌、荆州、武汉、咸宁、黄冈、鄂州、黄石、岳阳、南昌、九江	安庆、池州、合肥、铜陵、芜湖、马鞍山、南京、镇江、扬州、泰州、常州、无锡、苏州、南通、湖州、杭州、绍兴、嘉兴、宁波、舟山、上海

在构建长江经济带绿色创新效率评价的投入产出指标体系时，既借鉴前人的研究成果，又充分考虑环境因素和资源因素，同时兼顾指标的科学性和数据的可得性。投入方面，劳动投入采用在岗职工平均人数来测度，资本投入选用固定资产投资来测度。其中，能源要素投入由于缺乏各个城市煤炭、石油和天然气三种化石能源的消费总量统计，李艳军等和卢丽文等采用全社会用电量来衡量能源投入，得到了

可信的研究结果。因此，本部分以工业用电量反映能源的消耗程度。产出方面，期望产出包括工业总产值和社会消费品零售额，反映城市绿色创新的经济价值和商业化水平，非期望产出选取城市废水排放量和 SO_2 排放量测度创新活动对生态环境的影响程度。根据克尔赫兰（Korhonen）和拉塔西克（Luptacik）对非期望产出的处理方式，将废水排放量、SO_2 排放量作为产出指标，使之越少越好。各项指标数据来自《中国统计年鉴》《中国城市统计年鉴》及各省市的统计年鉴。相关变量的描述性统计结果如表 8-2 所示。

表 8-2　长江经济带沿线城市绿色创新效率评价的指标体系和描述性统计

	投入指标			产出指标			
				期望产出		非期望产出	
	在岗职工平均人数（万人）	固定资产投资（万元）	工业用电量（万千瓦时）	工业总产值（万元）	社会消费品零售额（万元）	废水排放量（万吨）	SO_2 排放量（吨）
最小值	7.61	2849404.17	34175.25	3089149.25	959842.83	1604.75	14259.92
最大值	418.30	68256780.67	7249870.75	257328360.08	58442308.92	66415.08	575272.75
平均值	76.96	16994395.52	989113.97	50094289.08	10416601.15	16789.87	87466.71
标准差	83.71	14990424.79	1326694.69	55269801.71	11800967.94	17063.31	98656.73

三　长江经济带城市绿色创新效率评价的实证结果分析

（一）综合技术效率

如图 8-2 所示，2004—2015 年长江经济带沿线城市绿色创新的综合技术效率均为 DEA 无效，呈现先下降后上升的"V"形变动趋势，这可能是因为 2007 年和 2008 年发生了国际性的金融泡沫膨胀和破灭，引起部分经济数据表现出较强的波动性，经济危机使绿色创新的环境恶化、资金投入不足，产品市场低迷导致企业进行绿色创新活动的内生驱动力不足，经济危机的发生影响了绿色创新环境和城市可持续发展。

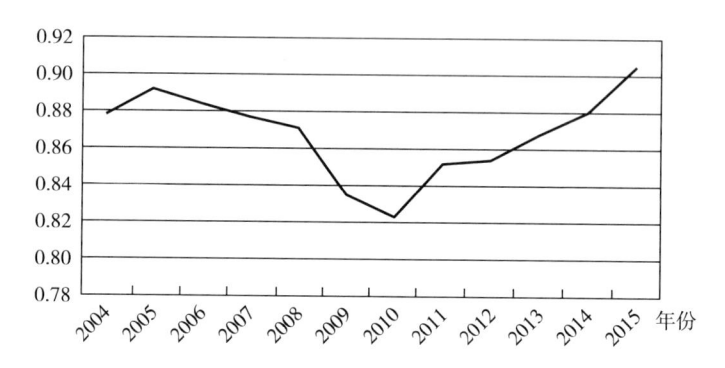

图 8 - 2　2004—2015 年长江经济带沿线城市绿色创新综合技术效率的均值变化趋势

根据 2004 年和 2015 年长江经济带绿色创新综合技术效率的空间分布规律，2004 年 36 个城市中处于生产前沿面上的有 15 个，而 2015 年有 19 个，更多的城市实现了绿色创新有效。2004 年实现绿色创新有效的城市主要集中在下游地区，而 2015 年部分中游城市也实现了绿色创新有效，表明部分中游城市在样本研究期内转变了"高投入、高排放"的经济增长模式，提高了资源配置能力和资源使用效率，使得绿色创新效率得以提升。整体而言，长江经济带绿色创新综合技术效率得到了一定程度的提升，这既体现了中国注重资源节约和环境保护的绿色可持续发展理念，也表明了消费者通过产品市场的交易对企业绿色创新活动有一定的促进作用。

（二）纯技术效率

如图 8 - 3 所示，长江经济带整体绿色创新纯技术效率均值为 0.949，所有年份均未实现 DEA 有效，绿色创新效率在样本研究期内提升趋势不明显。长江经济带下游城市的纯技术效率最高，部分城市在 2004—2015 年的纯技术效率值均为 1，如上海、无锡、苏州、舟山、合肥等。下游城市经济实力雄厚，产业结构更为合理，绿色创新的投入水平较高，不断吸引外资，引进并吸收国外的先进技术，高新技术产业得到了健康快速的发展。同时，下游城市具有较强的资源管理能力，充分利用绿色创新的投入要素，达到了较高的绿色创新效率。长江经济带中游城市的纯技术效率介于上游和下游之间，且波动幅度较大，在2010年以后呈现快速上升趋势。中游城市的经济增长较依赖于钢铁、化工等传统产业，接纳东部工业转移，对城市绿色创新效率的提升有一定阻碍作用。但随着国家不断推动节能环保产业与循环经济，人们对提高空气质量的诉求也倒逼中游城市关注环境变化，提高绿色创新的研发力度，走资源集约化的可持续发展之路。长江经济带上游城市的纯技术效率偏低，但近年来不断上升，有超越中游城市的趋势。这主要是由于上游地区经济水平有限，绿色创新科研水平和知识型人才引进工作起点较低，绿色创新资源管理经验不足。随着国家不断重视成渝城市群的建设，加大对成都、重庆等城市的扶持力度，致力于将成渝城市群打造为长江经济带上游地区的"桥头堡"和西部大开发战略的探路者，长江经济带上游城市经济平稳增长、后劲足，为提升城市绿色创新效率奠定了基础。

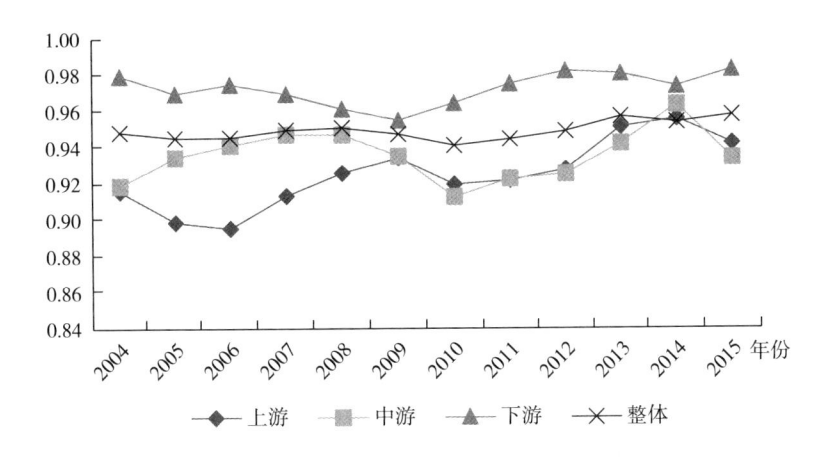

图8-3 2004—2015年长江经济带沿线城市绿色创新
纯技术效率的均值变化趋势

（三）规模效率

长江经济带沿线城市绿色创新的规模效率整体均值为0.913，规模效率整体呈递增趋势，由2004年的0.924上升为2015年的0.944。

2004—2015年，规模有效的城市明显增多，规模效率水平低下的城市不断减少，表明绿色创新的实际规模与最优生产规模的差距逐渐缩小。长江经济带下游城市规模效率最高，中游和上游城市的规模效率差距不大。大部分城市没有达到规模有效水平，存在绿色创新的投入不足或无谓损失。同时，长江经济带沿线城市绿色创新的规模效率显著地高于纯技术效率，说明制约长江经济带沿线城市绿色创新效率提升的关键因素是纯技术效率。表8-3显示了2014年长江经济带沿线城市绿色创新的规模效率及规模报酬情况，长江经济带下游多为规模有效或规模效率较高，城市规模的扩张和经济水平的提高对提升绿色创新效率的促进作用不显著，应更注重提升绿色创新纯技术效率。长江经济带中游城市规模报酬呈现统一的递增或不变趋势，具有较大潜力通过增加投入要素规模提升绿色创新效率。长江经济带上游城市重庆处于规模报酬递减状态，泸州和宜宾处于递增状态。重庆经济稳定快速增长，在绿色创新方面投入冗余，综合技术效率并未达到领先水平。这可能是由于重庆过度注重加大绿色创新的资源投入，而对投入资源的管理水平和利用效率有所忽视，应转变以量制胜的观念，更多地聚焦于绿色创新技术水平的提升和投入要素资源的合理利用。

表8-3　　　　2014年长江经济带沿线城市绿色创新的规模效率及规模报酬情况

地区	规模效率	规模报酬	地区	规模效率	规模报酬
上海	1	—	安庆	0.971	irs
舟山	0.981	irs	下游	0.942	
宁波	0.999	irs	九江	0.955	irs
嘉兴	1	—	南昌	0.958	irs
绍兴	0.928	irs	岳阳	0.981	irs
杭州	0.987	irs	黄石	0.736	irs
湖州	0.962	irs	鄂州	0.532	irs
南通	1	—	黄冈	1	—
苏州	0.927	drs	咸宁	0.849	irs
无锡	0.990	drs	武汉	1	—

续表

地区	规模效率	规模报酬	地区	规模效率	规模报酬
常州	1	—	荆州	1	—
泰州	1	—	宜昌	1	—
扬州	1	—	中游	0.901	
镇江	1	—	重庆	0.768	drs
南京	1	—	泸州	0.723	irs
马鞍山	0.805	irs	宜宾	0.825	irs
芜湖	0.902	irs	成都	1	—
铜陵	0.653	irs	攀枝花	1	—
合肥	1	—	上游	0.863	
池州	0.670	irs	平均值	0.920	

四 影响因素的识别与实证分析

（一）影响因素的识别

影响绿色创新效率的因素众多，本部分基于长江经济带沿线城市绿色创新效率的区域差异，根据已有研究并结合环境经济学有关理论，考虑资源环境因素，关注以下五个关键影响因素。

1. 经济发展水平

采用地区生产总值比地区年中人口数衡量经济发展水平，地区经济发展水平决定了区域绿色创新效率水平。根据库兹涅茨曲线环境偏好理论，随着人均收入的增长，人们对优质环境的迫切需求促进区域绿色创新效率的提升。同时，地区较好的经济发展水平为长江经济带沿线城市开展绿色创新活动提供了资金、技术与人才的支持。

2. 外资利用水平

外资利用水平通过各地区外商投资企业的年底投资总额来测度，反映了长江经济带沿线城市的经济开放程度。目前学术界对于外资利用水平与绿色创新效率的关系仍存有争议。一方面,"污染天堂"假说认为发达国家将受限于本国环境规制的高耗能污染密集型部门转移到东道国,进而充分利用环境管制水平较低的东道国的比较优势,降低了东道国绿色创新效率(张江雪等,2015;张逸昕、林秀梅,2015)。另一方面,根据"双缺口"理论,东道国通过吸引外资可以弥补国内资金的缺口,外商直接投资通过技术外溢效应提升东道国绿色创新效率。

3. 政府科技支出

采用地方财政一般预算内科学技术支出衡量政府科技支出水平,反映了地方政府对技术创新活动的支持力度。政府搭建创新服务平台,通过科技研发资金投入攻克核心关键的技术难题,支持前沿的科技创新项目,在一定程度上能够缓解企业创新资金不足的问题,也能发挥政府创新投入的放大效应,引领地区创新能力的提升。

4. 污染治理效率

污染治理效率通过城市一般工业固体废弃物综合利用率来衡量,污染治理效率从三个方面促进城市绿色创新效率。首先,工业固体废弃物的综合利用能够减少环境污染、消除安全隐患、避免废弃物大面积占地等问题。其次,科学合理地处理工业固体废弃物能够变废为宝,通过循环利用的方式减少原生资源的投入,有利于构建资源节约型城市。最后,工业固体废弃物的综合利用能够使废弃物产生新的价值,比如城市生活垃圾、工业污水污泥和食品加工剩余物等生物质资源可进行生物质发电等,有利于实现电力市场的清洁化发展。

5. 产业结构

采用第二产业增加值占地区生产总值的份额衡量,反映了第二产业在国民经济中的占比。地区工业占比的增加对经济增长有较强的推动作用,但工业生产消耗较多的资源,也形成了巨大的环境压力,工业"三废"导致环境污染,将抑制城市绿色创新效率。

各影响因素的衡量指标和预期符号如表8-4所示。实证检验采用2004—2015年长江经济带沿线城市的面板数据,数据来源于历年的《中国统计年鉴》《中国城市统计年鉴》和各省市的统计年鉴。

表8-4 各影响因素的衡量指标、单位和预期符号说明

影响因素	变量简称	衡量指标	预期
经济发展水平	PGDP	地区生产总值比地区总人口（元/人）	正
外资利用水平	FDI	各地区外商投资企业的年底投资总额（万美元）	未知
政府科技支出	TI	地方财政一般预算内科学技术支出（万元）	正
污染治理效率	PRE	城市一般工业固体废弃物综合利用率（%）	正
产业结构	IS	第二产业增加值占地区生产总值的份额（%）	负

（二）研究方法

此部分采用 Tobit 模型分析影响城市绿色创新效率差异的主要因素。由于绿色创新效率值的数据特征为受限因变量（Limited Dependent Variable），即绿色创新效率值 GIE $\subseteq$ [0, 1]，采用经典模型方法估计的结果将是有偏和不一致的，宜使用面板 Tobit 计量回归模型。标准 Tobit 模型的形式为：

$$Y_i = \begin{cases} 0, & \text{如果 } Y_i^* \leq 0 \\ \beta X_i + \varepsilon_i, & \text{如果 } 0 \leq Y_i^* \leq a \\ a, & \text{如果 } Y_i^* \geq a \end{cases} \tag{8-2}$$

式中，Y_i^* 为解释变量向量，Y_i 为观察到的因变量取值，X_i 为解释变量向量，β 为回归参数向量，a 设定为 $+\infty$，随机扰动项 $\varepsilon_i \sim N(0, \sigma^2)$。

为了消除异方差，降低模型产生多重共线的可能性，各变量取对数，构建长江经济带绿色创新效率影响因素的面板数据 Tobit 模型如下：

$$GIE_{it} = \beta_0 + \beta_1 \ln PGDP_{it} + \beta_2 \ln FDI_{it} + \beta_3 \ln TI_{it} + \beta_4 PRE_{it} + \beta_5 IS_{it} + \varepsilon_{it}$$
$$(8-3)$$

式中，i 表示长江经济带沿线城市，t 为年份（取值为 2004，…，2015），绿色创新效率 GIE 来自上文 DEA 模型测度的长江经济带沿线城市绿色创新综合效率值，ε_{it} 为随机误差项。

（三）实证结果分析

采用 Eviews8.0 软件通过极大似然估计法对上述 Tobit 模型进行回归检验，结果如表 8-5 所示。

表 8-5 长江经济带沿线城市绿色创新效率影响因素的 Tobit 回归结果

地区 变量	整体	上游地区	中游地区	下游地区
常数项	0.552*** (5.059)	-0.744*** (-3.077)	0.981*** (4.345)	0.067 (0.426)
经济发展水平 ln$PGDP$	0.037** (2.245)	0.242*** (6.376)	0.082* (1.874)	0.016 (0.869)
外资利用水平 lnFDI	0.018*** (3.177)	-0.001 (-0.08)	0.012 (1.148)	0.047*** (6.596)
政府科技支出 lnTI	-0.005 (-0.897)	-0.074*** (-4.455)	-0.004 (-0.275)	-0.015** (-2.511)
污染治理效率 PRE	0.160*** (4.096)	0.281*** (3.544)	-0.076 (-1.317)	0.569*** (7.827)
产业结构 IS	-0.669*** (-7.302)	-0.710*** (-2.761)	-2.019*** (-7.334)	-0.451*** (-5.039)

注：根据 Eviews 回归结果整理。括号内的数据为 Z 检验值。*、**、***分别表示通过 10%、5%、1%的显著性检验。

第一，地区经济发展水平对长江经济带上游地区和中游地区的绿色创新效率有显著的正向促进作用，但对下游地区并不显著。本部分的实证结果支持了库兹涅茨曲线环境偏好理论，上游地区和中游地区人均 GDP 的增加将促进绿色创新效率的提升，且上游地区正向影响程度更高。下游地区人均 GDP 对绿色创新效率的影响不显著，说明当区域经济发展水平达到某个临界点，人均 GDP 对区域绿色创新效率的正向促进作用变得不明显，加大生产和创新投入力度对绿色创新效率的促进作用不明显，更应注重优化绿色创新资源配置，提高资源能源利用效率。

第二，区域外资利用水平整体上对长江经济带绿色创新效率有显著的正向促进作用，但对中、上游的影响作用不显著。本部分的研究结果不支持"污染天堂"假说，长江经济带外资利用水平对下游绿色创新效率起到正向的促进作用，这得益于下游地区产业结构的合理化和高级化，对外资的引入有一定的门槛，引入的产业多为资本密集型和技术密集型。

第三，政府科技支出对上游地区和下游地区的绿色创新效率有显著的抑制作用。该结果与理论预期是矛盾的，可能的原因有两个方面。一方面，地方政府的科学技术支出是把"双刃剑"，它能够起到缓解城市绿色创新资金不足的问题，但同时又会对企业的绿色创新产生"挤出效应"，使企业丧失绿色创新的市场主导地位，进而抑制企业的绿色创新活力。另一方面，财政分权使得官员的考核主要以地方GDP为主，晋升锦标赛下不在考核范围或不易测度的经济后果往往被忽视，地方政府科技支出可能以经济增长为目标导向，其技术研发对绿色环保的重视程度不够，甚至以牺牲环境的代价换取GDP增长。

第四，工业固体废弃物综合利用正向地促进长江经济带上游和下游绿色创新效率的提升，但对中游的影响作用不明显。工业固体废弃物综合利用率对长江经济带中游地区绿色创新效率的促进作用不明显，说明中游地区亟须升级工业固体废弃物的利用方式，向资源化、低碳环保和可持续的处理方式发展。

第五，产业结构与长江经济带整体和上游、中游、下游地区绿色创新效率呈显著负相关。在其他因素保持不变的情况下，第二产业增加值占地区生产总值的份额每增加1%，上游、中游和下游的绿色创新效率分别下降0.710%、2.019%和0.451%。这主要是因为工业的发展往往需要巨大的能源、资本和人力投入，与此同时会带来空气污染、水污染、土地污染等环境问题。产业结构对长江经济带中游地区的绿色创新效率影响系数远大于上游和下游地区，说明中游地区应通过创新驱动、转型升级，促进第三产业占比的提升，推动产业结构的合理化与高级化。

五 基本结论

绿色创新效率评价是将长江经济带打造为中国生态文明建设典型示范区域的前提，为提升长江经济带沿线城市绿色创新效率的路径规划提供了参考依据。本章的实证结果表明：（1）受国际性的金融泡沫膨胀和破灭的影响，长江经济带沿线城市绿色创新效率在2004—2015年内呈现先下降后上升的"V"形变动趋势，但长江经济带沿线城市绿色创新效率在近些年得到快速提升，实现了以节约资源、保护生态为前提的绿色创新发展。（2）虽然长江经济带沿线城市不断加强绿色创新资源投入，但绿色创新纯技术效率提升的幅度不明显，这说明长江经济带沿线城市应优化绿色创新资源配置，提升绿色创新资源管理能力。同时，长江经济带沿线城市存在纯技术创新效率发展不平衡的现象，下游绿色创新纯技术效率最高，是其他地区创新效率的标杆，中游其次，上游最低，上游和中游科技研发和成果转化效率有待提升。（3）相比于长江经济带沿线城市绿色创新的纯技术创新效率，规模效率处于较高水平，且整体呈递增趋势，长江经济带沿线城市提升绿色创新效率的关键在于提高技术效率，应不断加强沿线城市的科技创新能力，推动新技术、新产业和新业态的发展。（4）地区经济发展水平对绿色创新效率的影响不是单调的，对于处于原始资本积累阶段的区域，地区经济发展水平对长江经济带沿线城市绿色创新有显著的促进作用，但超过一定的阈值，其影响作用不明显。区域外资利用水平对长江经济带下游沿线城市的绿色创新效率具有显著的正向促进作用，下游地区对外资引入设定了合理的门槛，避免了"污染天堂"现象的产生；中游和上游绿色创新基础薄弱，处于追赶状态，尚无法通过招商引资和消化吸收国外先进技术来促进绿色创新效率的提升。（5）政府科学技术支出对长江经济带绿色创新效率有一定的抑制作用，这可能来自对企业绿色创新活动的"挤出效应"和科研投入绿色发展导向不足。工业固体废弃物综合利用率的提升和产业结构的高级化正向促进长江经济带的绿色创新效率，有利于增强城市竞争能力，实现经济发展和生态环境保护的双赢目标。

第九章 长江经济带工业企业绿色创新效率的时空分异特征及影响因素[*]

长江经济带是横跨我国东中西部的巨型工业经济带、生态文明先行区和创新驱动策源地，提高工业企业绿色创新效率对于长江经济带绿色发展具有重要意义。在考虑非期望产出的前提下，采用超效率非期望两阶段网络 DEA 法测算 2008—2016 年长江经济带工业企业绿色创新效率（IE），运用 LMDI 方法对影响因素进行分解，并估算各因素的实际贡献份额和区域差异。研究发现：长江经济带整体 IE 值为 0.2710，即样本期内 IE 并未实现 DEA 有效，呈现出从下游地区向上游地区依次递减的趋势；下游与中游、上游地区工业企业之间的平均 IE 水平差距呈现出逐渐扩大的趋势，IE 发展态势明显不平衡；整体上自身创新效应对 IE 影响最大，剩余依次为工业企业消化吸收效应、购买国内技术效应、引进技术效应、技术改造效应和工业污染治理效应；新产品开发经费效应在第一和第二阶段一直处于主导地位；吸收消化经费和购买国内技术经费对 IE 的正向促进作用明显；吸收消化和购买国内技术经费的增加在两阶段中的表现一致，但第二阶段的效应量下降明显；各因素对 IE 的贡献差异呈现自东向西的减弱趋势，但中部地区的效应量不高；从时间变化趋势来看，长江经济带平均的效应量整体呈现增加的趋势，但在"十二五"期间总效应量则呈现递减趋势。长江上游地区和中游地区各因素效应量对 IE 的提升有较大帮助，但同时上游、中游部分省市对 IE 的影响存在"拖累"现象。

---

[*] 本章主要内容刊载于彭甲超、许荣荣、付丽娜、易明、许耀东《长江经济带工业企业绿色创新效率的演变规律》，《中国环境科学》2019 年第 11 期。

一 研究背景

绿色创新的概念通常与生态创新、环境创新和可持续创新联系在一起，是指以避免或减少环境破坏为目的的"创造性破坏"行为。而绿色创新效率是指"一定区域或产业，在一定时期内，综合考虑生态和资源环境要素前提下，生产和技术创新过程中各种投入要素的有效利用程度"（易明、程晓曼，2018）。2016年，长江经济带工业增加值已经达到122684.76亿元，是2008年的2.15倍左右。然而，作为横跨中国东中西部的巨型工业经济带，长江经济带工业大而不强，面临自主创新能力弱、产品档次不高、资源能源利用率低、环境污染较为突出等问题，传统的依靠资源要素投入、规模扩张的粗放发展模式难以为继。与此同时，新一轮科技和产业革命酝酿兴起，"创新"和"绿色"将成为工业竞争力的核心要素。推进长江经济带工业由大变强，既要加大生产和创新投入力度，又要提高资源能源利用效率，着力增加质量效益、创新能力等期望产出，减少生态破坏、环境污染等非期望产出，提高工业特别是大型工业企业的绿色创新效率（Industrial Enterprises Green Innovation Efficiency，IE）。那么，如何测算工业企业的绿色创新效率？长江经济带 IE 值在不同阶段、不同区域具有怎样的时空分异特征？哪些关键因素影响了长江经济带的 IE 以及影响效应如何？这些是本书所要解决的关键科学问题。现有相关研究还存在改进的空间，一是现有的 DEA 方法对最终效率水平的分析存在瑕疵，未能有效区分 DEA 有效率状态下距离生产前沿面的实际数值；二是关于工业企业绿色创新效率影响因素的分析方法，其计算结果的残差并未得到有效分解，也即其估计的影响结果存在偏差，且忽略了企业自身创新过程和环节对绿色创新效率的影响。因此，为进一步区分 DEA 有效状态下各区域距离生产前沿面的数值，本部分利用超效率（Super Efficiency）思路处理非期望两阶段网络 DEA 模型，最终采用有别于共享联动的超效率非期望两阶段网络 DEA 模型（Super Efficiency – Undesirable Outputs – Two Stage Network）。同时，充分考虑企业创新环节对绿色创新效率的影响,并采用 LMDI 方法对影响因素的效应进行分解,测算各影响因素的实际贡献份额。

二 研究模型的设计

(一) 研究方法

1. 工业企业绿色创新效率的测算方法

鉴于污染物等非期望产出对企业经济活动产生的深远影响(何枫等,2015),Färe 等(2010)所提出的传统生产环境技术模型已经不能有效满足现阶段的研究需要。与此同时,网络结构更符合生产过程的连续性。据此,本部分采用包含非期望产出的多阶段网络 DEA 模型,最终形成测算长江经济带 IE 值的超效率非期望两阶段网络 DEA。如图 9-1 所示,假设存在 n 个决策单元(Decision Making Unit,DMU),每个 DMU 均包含 $k(k=1,2)$ 个子过程,I_k、R_k 分别表示第 k 个子过程的投入和产出个数。$(k-1,k)$ 表示子过程 $k-1$ 和子过程 k 之间的节点。设第 k 个子过程投入为 $x_{i,j}^k(i=1,2,\cdots,I_k)$,期望产出为 $y_{r,j}^k(r=1,2,\cdots,R_k)$,非期望产出为 $u_{p,j}^k(p=1,2,\cdots,P_k)$。链接不同阶段的中间产品投入用 $z_j^{(k-1,k)} \in R_+^{k_{(k-1,k)}}[j=1,2,\cdots,n;(k-1,k)\in L]$ 表示,$\lambda_j^k(j=1,2,\cdots,n)$ 表示子过程 k 生产过程中密集度的密度矢量(何枫等,2015)。

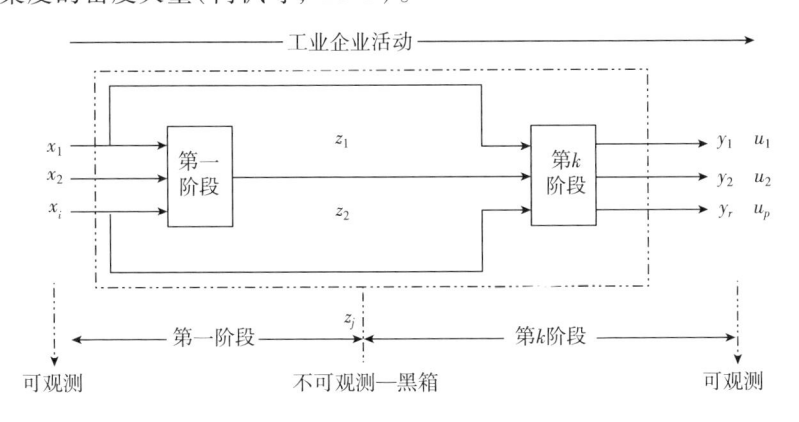

图 9-1 考虑非期望产出的 k 阶段生产的工业企业 DMU 结构

假设网络生产可能集满足闭合集、凸集、联合弱可处置性、投入和期望产出的强可处置性以及联合弱可处置性，运用 DEA 方法将生产规模报酬可变前提下的网络环境技术模型整合为：

$$\begin{cases} x_i^k \geqslant \sum_{j=1}^n \lambda_j^k x_{i,j}^k, & k = 1,2,\cdots,K \\ y_r^k \leqslant \sum_{j=1}^n \lambda_j^k y_{r,j}^k, & k = 1,2,\cdots,K \\ u_p^k \geqslant \sum_{j=1}^n \lambda_j^k u_{p,j}^k, & k = 1,2,\cdots,K \\ z_j^{(k-1,k)} = \sum_{j=1}^n z_j^{(k-1,k)} \lambda_j^{k-1} [\,\forall\,(k-1,k)\,] \\ z_j^{(k-1,k)} = \sum_{j=1}^n z_j^{(k-1,k)} \lambda_j^k [\,\forall\,(k-1,k)\,] \\ \sum_{j=1}^n \lambda_j^k = 1, & k = 1,2,\cdots,K \end{cases} \quad (9-1)$$

以上网络环境技术给出了考虑环境约束后产生的可能前沿，是测算多阶段绿色创新效率的基础。假设 s_i^{k-}、s_r^{kg+}、s_p^{kb+} 分别表示投入松弛变量、期望产出松弛变量以及非期望产出松弛变量，则被评价的决策单元 DMU0 投入导向的绿色创新效率模型可定义为：

$$\rho_0^* = \min_{\lambda^k, s_i^{k-}, s_r^{kg+}, s_p^{kb+}} \frac{\sum_{k=1}^K w^k \left[1 - \frac{1}{I_k} \left(\sum_{i=1}^{I_k} \frac{s_i^{k-}}{x_{i,0}^k} \right) \right]}{\sum_{k=1}^K w^k \left[1 - \frac{1}{R_k + P_k} \left(\sum_{i=1}^{R_k} \frac{s_r^{kg+}}{y_{r,0}^k} + \sum_{i=1}^{P_k} \frac{s_p^{kb+}}{u_{p,0}^k} \right) \right]} \quad (9-2)$$

$$\text{s.t.} \begin{cases} x_0^k = X^k \lambda^k + s_i^{k-}, & k = 1, 2, \cdots, K \\ y_0^k = Y^k \lambda^k - s_r^{kg+}, & k = 1, 2, \cdots, K \\ u_0^k = U^k \lambda^k + s_p^{kb+}, & k = 1, 2, \cdots, K \\ z^{(k-1,k)} \lambda^{k-1} = z^{(k-1,k)} \lambda^k [\,\forall\,(k-1,k)\,] \\ \sum \lambda^k = 1, \ s_i^{k-}, \ s_r^{kg+}, \ s_p^{kb+}, \ \lambda > 0 \end{cases} \quad (9-3)$$

式中，w^k 为事前指定权重，表示 k 阶段的效率决策单元 DMU 整体效率值的相对重要程度，$\sum_{k=1}^K w^k = 1$，$w^k \geqslant 0$（$\forall k$）。$z^{(k-1,k)} \lambda^{k-1} =$

$z^{(k-1,k)}\lambda^k[\forall(k-1,k)]$,表示在保持投入产出之间的连续性时两个子过程 $k-1$ 和 k 链接活动不受约束。ρ_0^* 为决策单元 DMU0 的投入产出导向的整体效率,当且仅当 $\rho_0^* = 0$,$s_i^{k-} = 0$,$s_r^{kg+} = 0$,$s_p^{kb+} = 0$ 时,DMU0 整体绿色创新效率是有效的。基于以上论述,则第 k 阶段的投入导向绿色创新效率值可表示为:

$$\rho_k = \frac{1 - \frac{1}{I_k}\left(\sum_{i=1}^{I_k} \frac{s_i^{k-}}{x_{i,0}^k}\right)}{1 - \frac{1}{R_k + P_k}\left(\sum_{i=1}^{R_k} \frac{s_r^{kg+}}{y_{r,0}^k} + \sum_{i=1}^{P_k} \frac{s_p^{kb+}}{u_{p,0}^k}\right)}, \quad k = 1, 2, \cdots, K \quad (9-4)$$

式中,s_i^{k*}、s_r^{kg*}、s_p^{kb*} 为投入导向绿色创新效率评价模型的最优解。为了便于说明,令 $\rho_k = IE$。本部分将工业企业绿色创新过程分解为绿色创新研发的第一阶段和绿色创新转化的第二阶段,因此设定 $k=2$,可得式(9-5)和式(9-6):

$$IE_1 = \frac{1 - \frac{1}{I_1}\left(\sum_{i=1}^{I_1} \frac{s_i^{1-}}{x_{i,0}^1}\right)}{1 - \frac{1}{R_1 + P_1}\left(\sum_{i=1}^{R_1} \frac{s_r^{1g+}}{y_{r,0}^1} + \sum_{i=1}^{P_1} \frac{s_p^{1b+}}{u_{p,0}^1}\right)} \quad (9-5)$$

$$IE_2 = \frac{1 - \frac{1}{I_2}\left(\sum_{i=1}^{I_2} \frac{s_i^{2-}}{x_{i,0}^2}\right)}{1 - \frac{1}{R_2 + P_2}\left(\sum_{i=1}^{R_2} \frac{s_r^{2g+}}{y_{r,0}^2} + \sum_{i=1}^{P_2} \frac{s_p^{2b+}}{u_{p,0}^2}\right)} \quad (9-6)$$

DMU 可以使用 DEA 方法进行技术效率评价,当存在多于 1 个的 DMU 呈现有效状态(IE = 1)时,需要进一步鉴别这些有效 DMU 间的效率大小问题。因此,在非期望两阶段网络 DEA 的基础上加入超效率问题,最终形成本部分的效率测算方法,即超效率非期望两阶段网络。

2. 影响因素分解分析方法

在影响因素分解领域,应用较为广泛的为 Ang 和 Liu(2001)提出的对数平均迪式指数法分解模型(Logarithmic Mean Divisia Index,LMDI)(王惠等,2015)。LMDI 方法能够通过因素差异测试及时间差异测算,对残差项能够完全分解,其乘法分解法和加法分解法之间具

有简明关系,乘法分解法具备加法特性。本部分采用 LMDI 分解模型:

$$IE = \sum_{i,j} IE_{i,j} = \sum_{i,j} Q \frac{Q_{i,j}}{Q} \cdot \frac{M_{i,j}}{Q_{i,j}} \cdot \frac{N_{i,j}}{M_{i,j}} \cdot \frac{I_{i,j}}{N_{i,j}} \cdot \frac{A_{i,j}}{I_{i,j}} \cdot \frac{P_{i,j}}{A_{i,j}} \cdot \frac{E_{i,j}}{P_{i,j}} \cdot \frac{IE_{i,j}}{T_{i,j}}$$

$$= \sum_{i,j} Q \, M_i \, N_i \, I_{i,j} \, A_{i,j} \, P_{i,j} \, T_{i,j} IE_{i,j} \quad (9-7)$$

式中,i 表示长江经济带的 11 个省市,j 表示时间;IE 为工业企业绿色创新效率,$IE_{i,j}$ 为第 i 个省市第 j 期的 IE 值;Q 为经济环境结构,$Q_{i,j}$ 为第 i 个省市第 j 期的经济结构;$M_{i,j}$ 为第 i 个省市第 j 期的工业污染源治理总量;$N_{i,j}$ 为第 i 个省市第 j 期的新产品开发经费支出,代表工业企业自身创新条件;$I_{i,j}$ 为第 i 个省市的引进技术经费支出;$A_{i,j}$ 为消化吸收经费支出;$P_{i,j}$ 为第 i 个省市的购买国内技术经费支出;$E_{i,j}$ 表示第 i 个省市的技术改造经费支出水平。

从基期到 T 期,IE 增量的"加法分解"和"乘法分解"分别为:

$$\Delta IE_{tot} = IE^T - IE^0 = \Delta IE_{indm} + \Delta IE_{newf} + \Delta IE_{inot} + \Delta IE_{absd} + \Delta IE_{purt} + \Delta IE_{tect}$$

$$= \sum_{i,j} \left(w_{i,j} \cdot \ln\left(\frac{M_{i,j}^T}{M_{i,j}^0}\right) + w_{i,j} \cdot \ln\left(\frac{N_{i,j}^T}{N_{i,j}^0}\right) + w_{i,j} \cdot \ln\left(\frac{I_{i,j}^T}{I_{i,j}^0}\right) + \right.$$

$$\left. w_{i,j} \cdot \ln\left(\frac{A_{i,j}^T}{A_{i,j}^0}\right) + w_{i,j} \cdot \ln\left(\frac{P_{i,j}^T}{P_{i,j}^0}\right) + w_{i,j} \cdot \ln\left(\frac{E_{i,j}^T}{E_{i,j}^0}\right) \right) \quad (9-8)$$

$$D_{tot} = \frac{IE^T}{IE^0} = D_{indm} \cdot D_{newf} \cdot D_{inot} \cdot D_{absd} \cdot D_{purt} \cdot D_{tect}$$

$$= \exp\left(\sum_{i,j} \widetilde{w}_{i,j} \ln\left(\frac{M_{i,j}^T}{M_{i,j}^0}\right)\right) \cdot \exp\left(\sum_{i,j} \widetilde{w}_{i,j} \ln\left(\frac{N_{i,j}^T}{N_{i,j}^0}\right)\right) \cdot$$

$$\exp\left(\sum_{i,j} \widetilde{w}_{i,j} \ln\left(\frac{I_i^T}{I_i^0}\right)\right) \cdot \exp\left(\sum_{i,j} \widetilde{w}_{i,j} \ln\left(\frac{A_{i,j}^T}{A_{i,j}^0}\right)\right) \cdot$$

$$\exp\left(\sum_{i,j} \widetilde{w}_{i,j} \ln\left(\frac{P_{i,j}^T}{P_{i,j}^0}\right)\right) \cdot \exp\left(\sum_{i,j} \widetilde{w}_{i,j} \ln\left(\frac{E_{i,j}^T}{E_{i,j}^0}\right)\right) \quad (9-9)$$

式中,$w_{i,j} = \frac{IE_{i,j}^T - IE_{i,j}^0}{\ln IE_{i,j}^T - \ln IE_{i,j}^0}$,$\widetilde{w}_{i,j} = \frac{(IE_{i,j}^T - IE_{i,j}^0)/(\ln IE_{i,j}^T - \ln IE_{i,j}^0)}{(IE^T - IE^0)/(\ln IE^T - \ln IE^0)}$,

定义 $L(a, b) = \begin{cases} \dfrac{a-b}{\ln a - \ln b}, & a \neq b \\ a, & a = b \end{cases}$。

角标为 tot 的部分表示 IE 增量,即总效应量;角标 $indm$、$newf$、

inot、*absd*、*purt*、*tect* 分别表示工业污染源治理能力、新产品开发经费支出、引进技术经费（亿元）、消化吸收经费、购买国内技术经费支出和技术改造经费支出变化对 *IE* 的影响大小，对应污染治理效应、自身创新效应、引进技术效应、消化吸收效应、国内创新效应及技术改造效应。由于本部分研究的时间跨度为 2008—2016 年，经济制度及经济环境并未发生较大改变，一般在一段时期内不会变动，因此假定 $Q=1$。效应大于 0（加法）或 1（乘法），表示该效应促进了 IE 的增加，反之亦然。因 LMDI 为完全分解，故分解公式中无其他残余项。

因 $\dfrac{\Delta IE_{indm}}{\ln D_{indm}} = \dfrac{\Delta IE_{newf}}{\ln D_{newf}} = \dfrac{\Delta IE_{inot}}{\ln D_{inot}} = \dfrac{\Delta IE_{absd}}{\ln D_{absd}} = \dfrac{\Delta IE_{purt}}{\ln D_{purt}} = \dfrac{\Delta IE_{tect}}{\ln D_{tect}} = \dfrac{IE^T - IE^0}{\ln IE^T - \ln IE^0}$，故加法分解法与乘法分解法具有同等解释效力，下文将采用加法分解法对 IE 进行分解。为更清楚地反映各因素对 IE 影响的贡献率，定义各效应的贡献率计算公式，具体如下：

$$\delta_{indm} = \frac{\Delta IE_{indm}}{\Delta IE_{tot}}, \quad \delta_{newf} = \frac{\Delta IE_{newf}}{\Delta IE_{tot}}, \quad \delta_{inot} = \frac{\Delta IE_{inot}}{\Delta IE_{tot}},$$

$$\delta_{absd} = \frac{\Delta IE_{absd}}{\Delta IE_{tot}}, \quad \delta_{purt} = \frac{\Delta IE_{purt}}{\Delta IE_{tot}}, \quad \delta_{tect} = \frac{\Delta IE_{tect}}{\Delta IE_{tot}} \quad (9-10)$$

累积贡献率的计算公式为：$\delta'_x = \dfrac{\sum\limits_{0}^{T} \Delta IE_x}{\sum\limits_{0}^{T} \Delta IE_{tot}}$。

式中，δ_{indm}、δ_{newf}、δ_{inot}、δ_{absd}、δ_{purt}、δ_{tect} 分别表示污染治理效应、自身创新效应、引进技术效应、消化吸收效应、国内创新效应及技术改造效应的贡献率，表示上述效应的累积贡献率。

（二）变量指标及数据来源

1. 变量指标选取

在绿色创新投入方面，选取的投入变量主要考虑资本和劳动力投入两个维度，包括 R&D 经费支出和研究与试验发展（R&D）人员全时当量。其中，R&D 经费支出包括内部经费和外部经费支出，主要用于衡量企业创新所必需的财力投入，是对创新具有直接影响的、最为重要的要素；研究与试验发展（R&D）人员全时当量用于表征创新过程中研发人员的重要作用。

在绿色创新产出方面，延续前人研究创新的重要变量，期望产出的变量指标选取专利授权数作为衡量绿色创新的中间产出，同时最终产出衡量指标为新产品销售收入及工业企业营业利润。工业企业的非期望产出主要考虑废气、废水两类变量指标。

影响 IE 的环境因素变量主要涉及工业企业创新的各个环节，最终选定新产品开发经费、引进技术经费、消化吸收经费、购买国内技术经费、技术改造经费以及工业污染源治理总额作为影响因素变量。指标变量的描述性统计如表 9-1 所示。

表 9-1　　　　　　　　　指标变量的描述性统计

	变量	单位	Ab	均值	标准差	最小值	p50	最大值	变异系数
效率测算指标	R&D 人员全时当量	人年	L	892.10	1035.00	61.34	505.30	4519.00	1.16
	内部经费	千万元	K_1	2861.00	3280.00	77.08	1798.00	16575.00	1.15
	外部经费	千万元	K_2	155.70	149.90	10.74	90.81	687.50	0.96
	新产品销售收入	千万元	S	51545.00	58570.00	615.70	30447.00	280000.00	1.14
	专利	件	P_a	22808.00	28115.00	625.00	12908.00	130000.00	1.23
	工业企业营业利润	亿元	O	2121.00	2038.00	180.80	1869.00	10499.00	0.96.00
	工业废气排放	亿标立方米	I_g	19029.00	10856.00	6842.00	15887.00	59653.00	0.57.00
	工业废水排放	万吨	W	87360.00	62170.00	11695.00	70972.00	260000.00	0.71
	工业 COD	吨	C	120000.00	67340.00	12988.00	110000.00	260000.00	0.55
	危险废物产生量	万吨	H	93.41	76.39	6.00	59.63	284.30	0.82
影响因素	新产品开发经费	千万元	N	3415.00	4005.00	197.40	2146.00	19090.00	1.17
	引进技术经费	千万元	I	178.40	229.50	1.03	93.31	1350.00	1.29
	消化吸收经费	千万元	A	67.77	84.17	1.37	35.68	368.50	1.24
	购买国内技术经费	千万元	P	94.79	94.99	5.63	56.15	413.20	1.00
	技术改造经费	千万元	E	1898.00	1583.00	267.20	1385.00	7179.00	0.83
	工业污染源治理总额	万元	M	261.10	209.20	59.00	170.00	1074.00	0.80

2. 数据来源

除作特殊说明外，相关数据均来源于《中国统计年鉴》以及各省市统计年鉴，时间窗口为 2008—2016 年，测算分析软件为 MaxDEA。工业企业现有统计数据库只涉及规模以上工业企业相关指标，因此，本部分讨论的 IE 是指规模以上工业企业绿色创新效率。

三 长江经济带工业企业绿色创新效率测算的实证结果分析

（一）整体及两阶段 IE 的地区差异

如表 9-2 所示，经测算，样本期内，整体 IE 均值的最大值为 0.3593，最小值为 0.1712。从分省市的结果来看，最大值为 0.3825（江苏），最小值为 0.1397（浙江）。其余省市的 IE 均值按照从大到小的顺序依次为上海（0.3696）、安徽（0.3643）、江西（0.3246）、四川（0.3234）、贵州（0.2684）、湖北（0.2345）、云南（0.2245）、湖南（0.1980）、重庆（0.1515）。

表 9-2 2008—2016 年长江经济带 11 个省市 IE 主要描述性统计

地区	整体效率 均值	整体效率 最大值	整体效率 最小值	第一阶段 均值	第一阶段 最大值	第一阶段 最小值	第二阶段 均值	第二阶段 最大值	第二阶段 最小值
安徽	0.3643	0.9014	0.1343	0.8540	1.0000	0.5797	0.4399	1.0000	0.1343
贵州	0.2684	0.3816	0.1366	0.6686	0.8805	0.5149	0.4021	0.5800	0.2451
湖北	0.2345	0.5098	0.1283	0.4915	0.6003	0.3416	0.4833	1.0000	0.2336
湖南	0.1980	0.3506	0.1367	0.5411	0.6967	0.3078	0.3730	0.5568	0.2350
江苏	0.3825	0.5083	0.2507	0.6475	0.8258	0.4091	0.6529	1.3331	0.4098
江西	0.3246	0.4733	0.1858	0.3869	0.8026	0.1908	1.0354	1.5299	0.5875
上海	0.3696	0.4904	0.1428	0.4994	0.6033	0.3778	0.7383	1.0000	0.3779
四川	0.3234	0.6135	0.1418	0.5758	0.8520	0.3106	0.5823	1.0000	0.2619
云南	0.2245	0.4087	0.0409	0.4946	0.5750	0.4079	0.4653	0.8388	0.0711
浙江	0.1397	0.2414	0.0677	0.8956	1.0000	0.7686	0.1599	0.2807	0.0727
重庆	0.1515	0.3508	0.0659	0.7263	1.0000	0.6247	0.2055	0.4754	0.0946
长江上游	0.2420	0.3262	0.1749	0.6163	0.7728	0.5066	0.4138	0.5697	0.2675
长江中游	0.2803	0.4442	0.1486	0.5684	0.6686	0.3550	0.5829	0.8466	0.3656
长江下游	0.2973	0.4082	0.1965	0.6809	0.7783	0.5728	0.5170	0.7382	0.3646
长江经济带	0.2710	0.3593	0.1712	0.6165	0.7054	0.4893	0.5034	0.6951	0.3621

根据长江经济带上游、中游、下游的地区分布，测算并比较了三个地区工业企业的整体及两阶段绿色创新效率的变化趋势。总体而言，上游、中游、下游地区工业企业的年均整体绿色创新效率值分别为 0.2420、0.2803 和 0.2973，全部工业企业年均整体绿色创新效率值为 0.2710，反映了样本期内长江经济带 11 个省市整体 IE 呈现出从下游地区向上游地区依次递减的趋势。

横向比较来看，上游、中游、下游地区工业企业的平均整体绿色创新效率分别由 2008 年的 0.202057、0.180029、0.206538 扩大到 2016 年的 0.306001、0.27685、0.397102。下游地区工业企业与中游、上游地区之间的平均绿色创新效率水平差距呈现出逐渐扩大的趋势，三个地区的 IE 具有比较明显的不平衡发展态势。为了更清楚地了解各地区的整体 IE 差异来源，本部分进一步将整体 IE 分解为第一阶段和第二阶段。就第一阶段而言，上游、中游、下游地区工业企业在样本期内的 IE 均值分别为 0.6163、0.5684 和 0.6809。就第二阶段而言，上游、中游、下游地区的 IE 均值在 2009 年和 2010 年都出现拐点，之后东部、西部地区工业企业呈现逐渐下降趋势，而中部地区的 IE 在 2014 年又略有回升。

（二）两阶段 IE 的空间集聚分析

以 2008—2016 年样本工业企业两阶段绿色创新效率均值（0.65，0.60）为分界点，可得到两阶段 IE 矩阵，如图 9-2 所示。总体上，将 11 个省市及划分区域分成四大类，主要内容如下。

第一类（Ⅰ H—H）——工业企业的两阶段 IE 值均大于均值。这一类仅包括江苏省，占总数的 6.67%。该省的工业企业无论是在生产资源消耗方面还是在工业废气、废物等污染物排放量方面均优于其他省市。江苏省工业企业绿色创新活动第一阶段和第二阶段的效率值均小于 1，说明其两阶段均未达到相对有效状态，在资源要素消耗及节能减排管理上尚存较大的提升空间。

第二类（Ⅱ L—H）——工业企业 IE 值第一阶段小于均值，第二阶段大于均值。这一类包括上海和江西，这两个省市在绿色创新产出阶段的效率值大于绿色创新研发阶段的效率值，单纯从效率值的演变理解，这两个省的绿色创新成果转化效率较高。上海在第一阶段效率值低的原因可能在于上海虽然 R&D 研发经费投入强度高于其他省市，但相较于较高的研发投入，其以专利为代表的中间产出偏低，当然这并不是说上海的专利数量少于其他省市，只是相对于自身的投入而言专利产出偏低。

第三类（ⅢL—L）——工业企业的第一阶段和第二阶段 IE 值均小于均值。这一类主要包括湖南、云南、湖北以及四川，占总数的 30.7692%，说明上述省市的工业企业绿色创新行为均是相对无效的，这也表明这些工业企业在资源配置、节能降耗及环境保护方面都还有很大的提升空间，需要向下游江苏等省市的工业企业学习管理经验，进一步引进或研发节能减排技术。

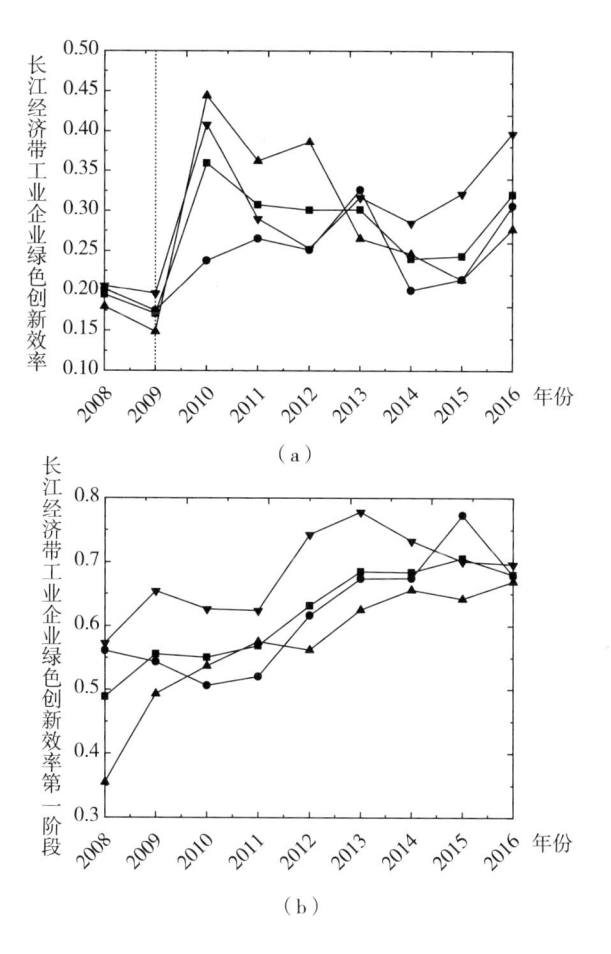

(a)

(b)

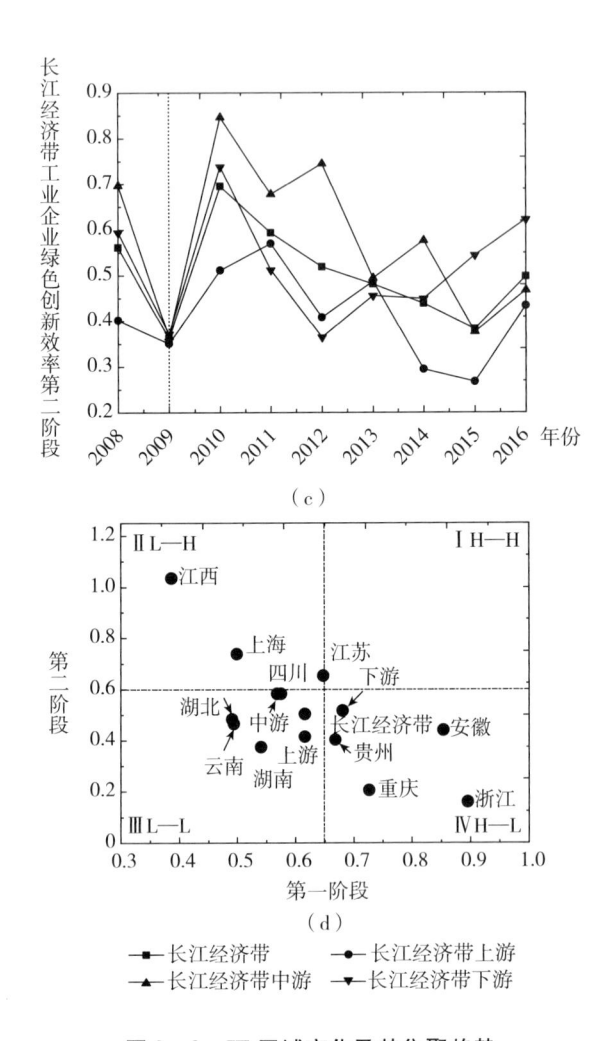

134　长江经济带高质量绿色创新的效率变革

(c)

(d)

图 9－2　IE 区域变化及其集聚趋势

注：(a) 长江经济带 2008—2016 年整体 IE；(b) 长江经济带 2008—2016 年第一阶段 IE；(c) 长江经济带 2008—2016 年第二阶段 IE；(d) 长江经济带 11 个省市工业企业两阶段 IE 矩阵，横轴为第一阶段 IE 均值，纵轴为第二阶段 IE 均值。

第四类（ⅣH—L）——工业企业的第一阶段 IE 值大于均值，第二阶段小于均值。这一类包括浙江、重庆、贵州和安徽，上述省市对于创新经营行为具备充足经验，但在中间产出转化及管理方面存在不足，因而上述省市需要通过健全技术转移服务体系，弥补绿色创新成果转化的短板。

四 影响因素的实证结果分析

基于新产品开发经费（N）、引进技术（I）、消化吸收（A）、购买国内技术（P）、技术改造（E）和工业污染源治理（M）共六个因素，采用"LMDI分解法"对影响IE的因素进行分解。乘法分解可以直观地反映各因素的贡献比例和变化趋势，加法分解可以分析各因素贡献的绝对量。首先通过乘法分解显示IE影响因素的动态规律，其次通过加法分解分析在IE变化中各因素的贡献及不同的区域特征。

（一）总体分解变化

图9-3给出了依据加法分解所示的六大影响因素的均值贡献特征。结果显示，总体上新产品研发经费对IE影响最大，其次为工业企业消化吸收效应和购买国内技术效应，然后为引进技术效应和技术改造效应，工业污染治理效应最低。上述影响因素分解与IE均存在不同的正向或负向影响［见图9-3（a）］。

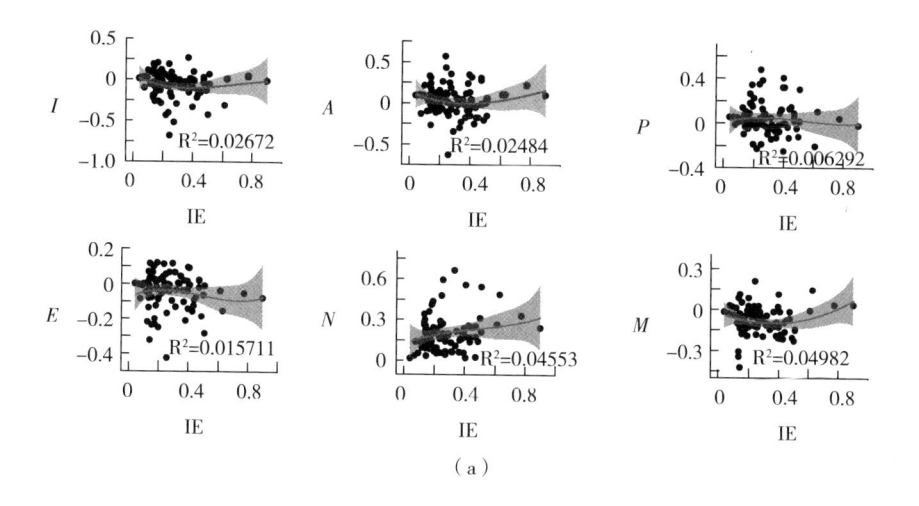

(a)

(b)

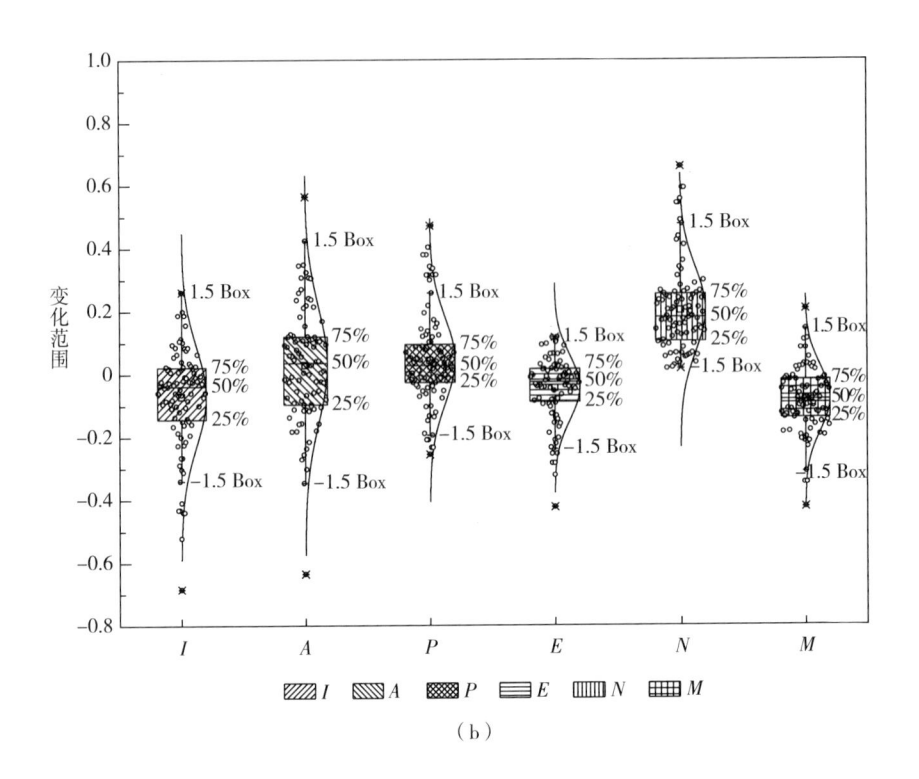

图 9-3 分解效应的各因素描述性统计及其对 IE 的影响

注：(a) 各因素，即引进技术（I）、消化吸收（A）、购买国内技术（P）、技术改造（E）、新产品开发经费（N）和工业污染源治理（M）对工业企业绿色创新效率 IE 的散点图及其线性和非线性拟合 R^2。(b) 各个影响因素的箱线图及其正态分布曲线。阴影部分为 95% 的置信区间。

1. 各影响因素与 IE 的相关特征

图 9-4 给出了依据加法分解所示的六大影响因素的均值贡献特征。结果显示，总体上新产品研发经费对 IE 影响最大，其次为工业企业消化吸收效应和购买国内技术效应，然后为引进技术效应和技术改造效应，工业污染治理效应最低。上述影响因素分解与 IE 均存在不同的正向或负向影响。

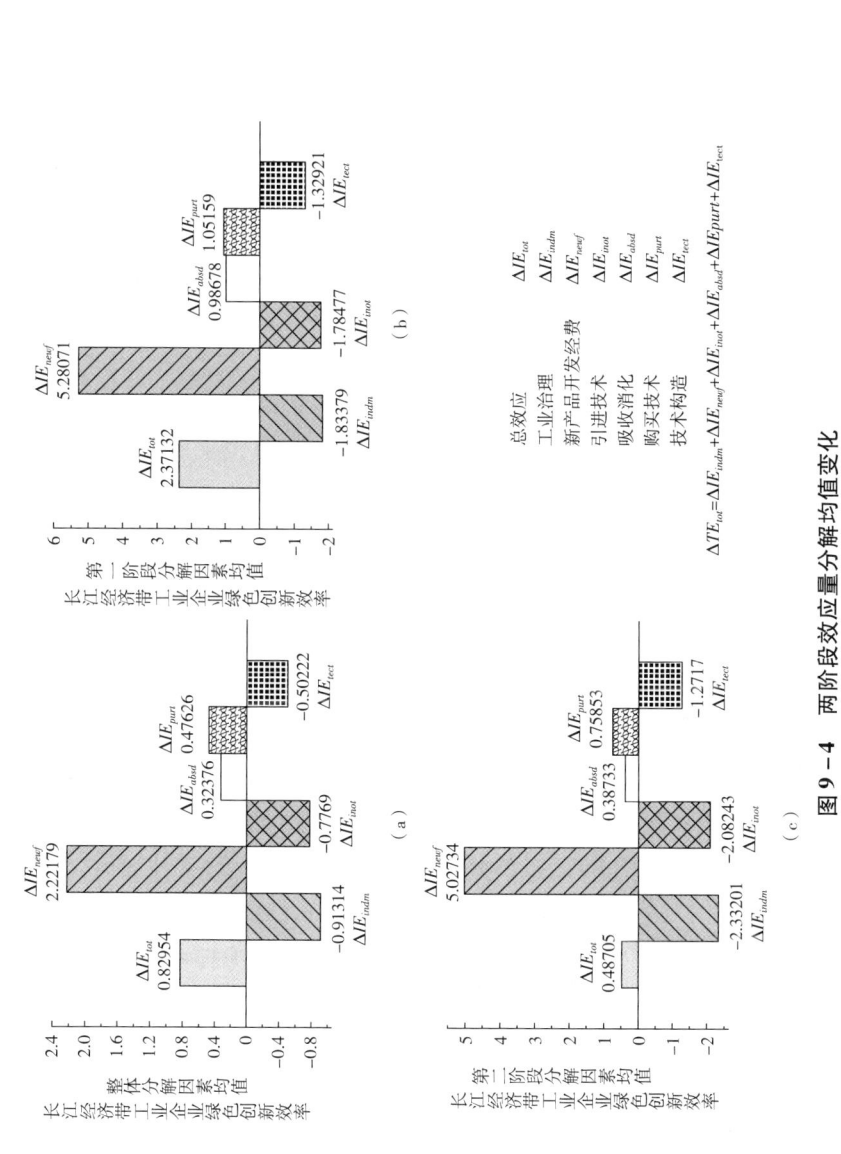

第九章　长江经济带工业企业绿色创新效率的时空分异特征及影响因素　137

图 9-4　两阶段效应量分解均值变化

注：(a) 长江经济带 IE 总体的各效应分解均值；(b) 长江经济带 IE 第一阶段的各效应分解均值；(c) 长江经济带 IE 第二阶段的各效应分解均值。

$\Delta TE_{tot} = \Delta IE_{indm} + \Delta IE_{neuf} + \Delta IE_{tot} + \Delta IE_{abid} + \Delta IEpurt + \Delta IE_{tect}$

总效应	ΔIE_{tot}
工业治理	ΔIE_{indm}
新产品开发经费	ΔIE_{neuf}
引进技术	ΔIE_{tot}
吸收消化	ΔIE_{abid}
购买技术	ΔIE_{purt}
技术构造	ΔIE_{tect}

具体来说，在影响 IE 的六大因素中，新产品开发经费（N）因素的波动最大，对 IE 的影响也最大，且呈正向影响。测算结果表明，新产品开发经费（N）的因素值在 0—0.4 的区间波动，均小于 1，但是对 IE 起明显促进作用；其次为消化吸收（A），但购买国内技术（P）对 IE 的影响更为集中，且图 9-4 表明消化吸收（A）和购买国内技术（P）对 IE 有明显的促进作用，其效应量主要集中在 -0.3—0.3；最后，引进技术（I）、技术改造（E）和工业污染源治理（M）对 IE 的影响为负，且其效应量的变化数值主要小于 0。

为进一步探讨各因素、各阶段如何影响 IE，首先要分析 IE 的影响因素在两阶段中的具体表现，找出各个阶段贡献量变化的主要驱动因素。根据 LMDI 模型的各指标公式，计算各指标的贡献量，并绘制各指标贡献量均值的变化图。从长江经济带总体范围来看，在总体及其两阶段变化方面，新产品开发经费效应一直处于主导地位，其中，第一阶段 2009—2016 年的新产品开发经费贡献量最大，第二阶段的新产品开发经费对 IE 的贡献量有所下降，但仍然占据主导地位。在提升 IE 的其他效应量变化方面，吸收消化经费和购买国内技术经费对 IE 的正向促进作用明显；同样地，吸收消化和购买国内技术经费的增加在两阶段中的表现一致，但第二阶段的效应量下降明显。

样本期内工业污染源治理、引进技术和技术改造经费的增加并未促进 IE。具体表现在：首先，工业污染源治理虽然能够减轻工业企业的环境污染，但对 IE 的消极作用一直延续贯穿在整体工业企业活动中，第一阶段中的工业污染源治理带来的负向效应明显较第二阶段轻；其次，引进技术的负向效应排名第二；最后，为技术改造，虽然技术改造对 IE 有明显的负向作用，但总体效应较小且第一阶段和第二阶段的变化不明显。

2. 分省市贡献变化分析

为更详细探究长江经济带各省市的主要驱动力，运用 LMDI 计算各指标对 2006—2013 年 IE 的贡献（见图 9-5），可以发现，总体效应量变化呈现明显的地域差异，整体呈现下降的包括安徽、湖南、云南、湖北、四川以及浙江。其中，下降幅度最大的为四川，其次为浙江及安徽，涵盖范围从西部向东部递减。总效应量整体上升的省市包

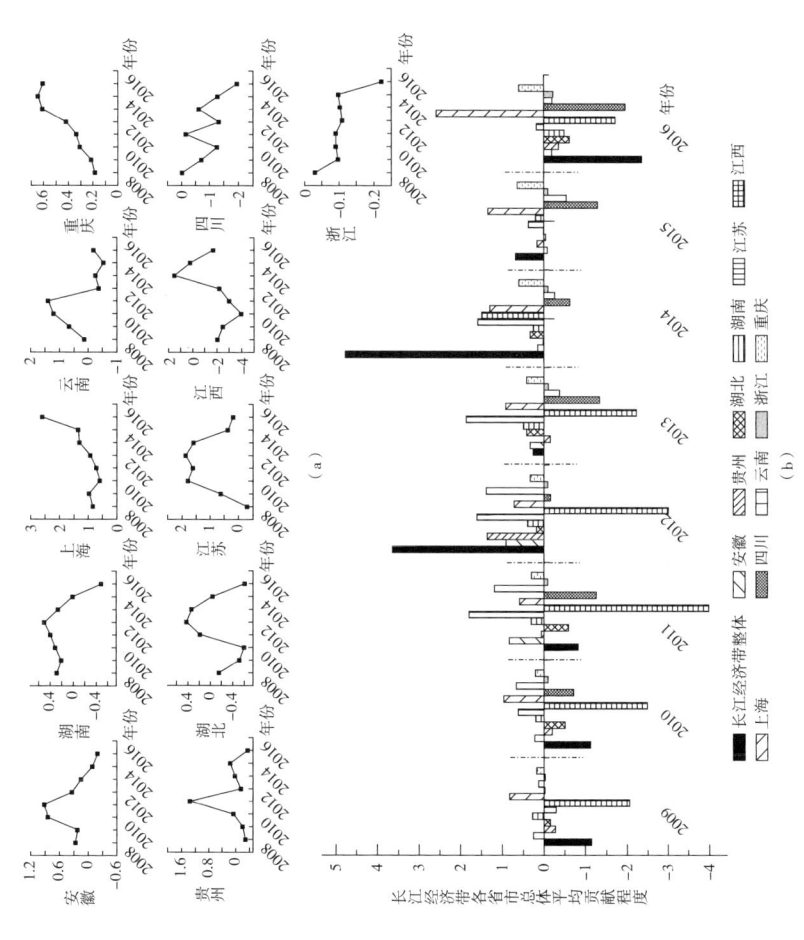

第九章 长江经济带工业企业绿色创新效率的时空分异特征及影响因素 139

图 9-5 长江经济带分省市各分解指标总贡献量平均变化趋势

注：（a）2009—2016 年长江经济带总贡献量变化趋势；（b）2009—2016 年长江经济带总贡献量均值变化。

括上海和重庆，上海和重庆作为我国重要的直辖市，是长江经济带重要的节点城市，为工业企业发展的绿色创新提供了范例。从2012年党的十八大提出"重视生态文明、实现绿色创新协调发展"以来，上海和重庆两地的总效应量对IE上升幅度的影响明显高于长江经济带其他地区。近几年，上海和重庆为企业绿色创新推行多种政策措施，为提升IE奠定了基础。总体上看，IE的贡献差异呈现自东向西的减弱趋势，但中部地区的效应量不高，说明在西部开发和中部崛起的战略背景下，还需通过绿色创新解决发展过程中产生的环境问题。同时，从时间变化趋势来看，在样本期内，长江经济带11个省市平均的效应量整体呈现增加的趋势，但在"十二五"期间，总效应量则呈现递减的趋势。

（二）两阶段效应量变化分析

两阶段IE是否一致？其效率是否存在损失？这些均需要进一步说明。由图9-6可知，各因素变化趋势不一致，主要表现为第二阶段的各因素的显著波动，除新产品开发经费呈现上升趋势之外，其余各因素均有不同程度的波动下降。IE提升主要得益于新产品开发经费，而引进技术—消化吸收—技术改造等还存在改进区间。

图9-6给出长江经济带11个省市各因素效应量的平均变化值，相较而言，各个省市的效应量对IE的贡献程度不一。长江上游地区和中游地区各因素效应量对IE的提升有较大帮助，但同时上游、中游部分省市对IE的"拖累"也存在。

（三）贡献份额分析

表9-3的测算结果表明，2008—2016年影响长江经济带11个省市IE的各个因素存在较大差异，在不同阶段有不同程度的贡献。这主要表现在以下几方面。

第一，位于下游地区的江苏、上海和浙江三省市，其IE不同程度地受到部分影响因素第二阶段的"拖累"，上海和浙江主要受制于第二阶段工业污染源治理（M）和引进技术（I）贡献份额的降低，技术改造（E）共同影响了江苏和浙江的IE变化，除此以外，第二阶段的消化吸收（A）大幅度降低严重影响江苏的IE变化，同时浙江工业企业第二阶段新产品开发经费对IE的贡献并不高。由此可见，虽

第九章　长江经济带工业企业绿色创新效率的时空分异特征及影响因素　141

然总体上新产品开发经费对 IE 的驱动占主导地位，但并不是每个省市在每个阶段均是由新产品开发经费（N）主导。

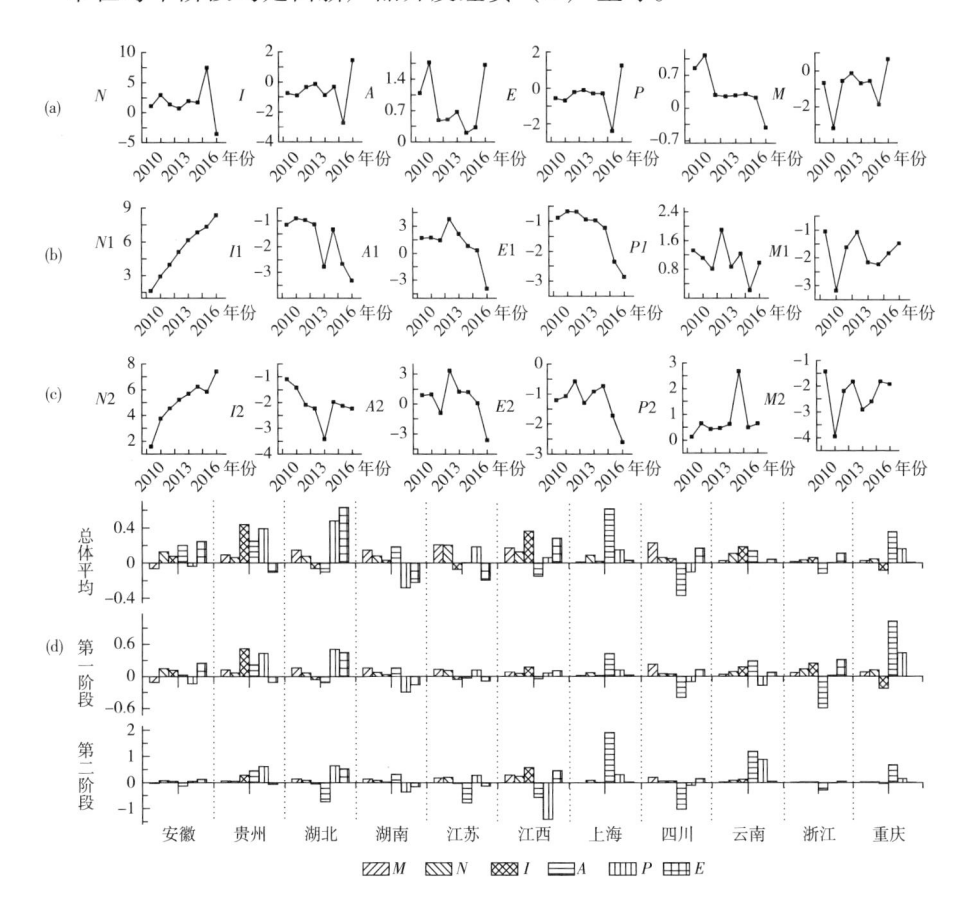

图 9-6　2009—2016 年 IE 影响因素整体及两阶段分解各省贡献量

注：（a）总体影响因素分解各因素，即引进技术（I）、消化吸收（A）、购买国内技术（P）、技术改造（E）、新产品开发经费（N）和工业污染源治理（M）的变化趋势；（b）第一阶段影响因素分解中引进技术（I1）、消化吸收（A1）、购买国内技术（P1）、技术改造（E1）、新产品开发经费（N1）和工业污染源治理（M1）的变化趋势；（c）第二阶段影响因素分解中引进技术（I2）、消化吸收（A2）、购买国内技术（P2）、技术改造（E2）、新产品开发经费（N2）和工业污染源治理（M2）的变化趋势；（d）总体和各个阶段影响因素的效应量分省市分布。

第二，位于中游地区的安徽、湖北、湖南和江西四省，与上海和浙江相似，工业污染源治理成为影响湖南和湖北 IE 提升的主要因素，

表 9-3　　长江经济带 11 个省市两阶段 IE 主要影响因素的贡献份额均值　　单位：%

效应量		安徽	贵州	湖北	湖南	江苏	江西	上海	四川	云南	浙江	重庆
第一阶段	M	-10.47	12.45	16.15	16.16	13.77	9.04	1.95	22.81	3.53	6.74	7.88
	N	14.75	7.08	7.05	7.83	11.68	5.79	6.64	5.05	8.61	13.47	12.07
	I	12.13	51.97	-6.37	4.02	-5.80	17.96	2.08	4.62	17.75	24.19	-22.56
	A	3.33	21.66	-11.67	16.03	-3.10	-4.18	43.07	-39.06	29.58	-58.80	103.14
	P	-13.59	43.04	50.27	-29.62	12.73	6.19	11.59	-9.98	-16.90	2.03	44.24
	E	24.95	-11.07	45.21	-15.58	-8.52	11.00	2.31	12.34	7.20	32.13	0.02
第二阶段	M	-2.74	6.28	13.44	13.21	17.30	29.31	0.07	19.56	1.70	0.46	1.41
	N	7.59	4.52	7.83	8.25	19.98	24.47	8.36	5.99	8.78	1.69	2.53
	I	4.71	27.17	-5.73	1.97	-3.17	57.38	0.73	5.82	12.88	2.48	-4.24
	A	-13.49	44.66	-73.59	32.25	-78.33	-57.04	191.10	-103.40	118.90	-28.57	67.52
	P	5.19	60.74	63.61	-36.03	27.95	-141.90	30.30	-10.76	88.36	-2.16	14.71
	E	12.18	-6.38	52.19	-16.17	-13.95	45.91	2.48	14.61	4.82	4.19	0.12
总体贡献份额	M	-6.36	9.28	14.60	14.35	20.48	17.14	1.23	22.66	2.49	1.38	2.76
	N	12.54	6.14	7.51	7.88	20.10	12.41	8.61	6.10	10.73	3.50	4.48
	I	7.46	43.81	-6.34	3.11	-7.20	36.41	2.01	4.92	18.16	5.98	-8.32
	A	20.06	25.20	-10.30	18.09	0.27	-14.75	61.41	-37.00	13.55	-11.81	35.30
	P	-3.99	39.10	47.74	-28.13	18.27	6.05	14.71	-10.30	0.38	0.24	15.93
	E	24.80	-10.68	63.14	-22.04	-19.25	28.13	3.22	16.90	4.21	10.88	0.71

注：影响因素包括引进技术（I）、消化吸收（A）、购买国内技术（P）、技术改造（E）、新产品开发经费（N）和工业污染源治理（M）。

在第二阶段其贡献份额约降低 3%。安徽和湖南 IE 受制于引进技术（I），消化吸收则影响了安徽、湖北和江西三省的 IE 变化，也即在引进技术和吸收消化方面上述省市存在脱节。购买国内技术（P）则"拖累"了湖南和江西的 IE 提升。此外，新产品开发经费（N）和技术改造（E）同时影响安徽的 IE 变化，这也就造成安徽 2008—2016 年整体效应量下降。

第三，位于上游地区的贵州、四川、云南和重庆四省市，工业污染源治理（M）仍然成为上游地区 IE 降低的主要原因，这就表明在样本期内长江经济带主要地区 IE 变化受制于工业污染源治理（M），因此，长江经济带的"共抓大保护，不搞大开发"任重道远。引进技术（I）并未提升贵州和云南两地的 IE，这可能是由于贵州、云南两地的地理位置偏远，引进技术成本较大。消化吸收（A）和购买国内技术经费（P）共同影响四川、云南和重庆的 IE，而技术改造（E）则相反。

五　基本结论

通过采用超效率非期望两阶段网络 DEA 法测算 2008—2016 年长江经济带的工业企业绿色创新效率，同时采用 LMDI 方法对影响因素进行分解，估算各影响因素的实际贡献份额。研究主要结论如下：第一，在效率值变化方面，长江经济带整体 IE 值为 0.2710，即样本期内工业企业绿色创新并未实现 DEA 有效，同时样本期内 11 个省市的 IE 呈现出从下游地区向上游地区依次递减的趋势。横向比较来看，下游与中游、上游地区平均 IE 水平差距呈现出逐渐扩大的趋势，三个地区的 IE 具有比较明显的不平衡发展态势。第二，在影响因素效应分解方面，总体上自身创新效应对 IE 影响最大，剩余依次为工业企业消化吸收效应、购买国内技术效应、引进技术效应、技术改造效应和工业污染治理效应。两阶段变化方面，自身创新效应在第一和第二阶段一直处于主导地位；吸收消化经费和购买国内技术经费对 IE 的正向促进作用明显；吸收消化和购买国内技术经费的增加在两阶段中的表现一致，但第二阶段的效应量下降明显。第三，在各影响因素的区域贡献方面，对长江经济带 IE 的贡献呈现自东向西的减弱趋势，但中部地区的效应量不高；从时间变化趋势来看，长江经济带 11 个省市平均的效应量整体呈现增加的趋势，但在"十二五"期间，总效应量则呈现递减趋势。长江上游地区和中游地区各因素效应量对 IE 的提升有较大帮助，但同时上游、中游部分省市对 IE 的"拖累"也存在。

第十章 长江经济带高质量绿色创新的效率变革路径及政策建议[*]

长江经济带建设是一项系统工程，不能再走以往只顾发展经济而不顾发展质量的老路，必须正确处理经济发展与生态环境保护之间的关系，以效率变革为抓手推动绿色发展与创新驱动的深度融合，推动长江经济带全面可持续发展；加快产业结构转型升级，深化供给侧结构性改革，提升长江经济带经济发展质量；提高综合立体交通和新型城镇化水平，增加长江经济带建设的社会福利，增强人民群众的获得感和幸福感；全面推进对外开放，打造世界级产业集群，提升产业分工地位，促进产业迈向全球价值链的中高端。

一 坚持系统谋划，完善顶层设计

生态优先、绿色发展是一项长期任务，需要坚持一个"共抓大保护、不搞大开发"的声音喊到底，坚守一张"生态环境保护和绿色发展"的蓝图绘到底，坚定一条生态型现代化的道路走到底。与此同时，创新驱动发展也同样是一项系统工程，它既涉及国家、区域、产业、企业创新体系的构建，还涉及一系列与创新驱动发展密切相关的深层次的体制机制改革。而要实现绿色发展与创新驱动的深度融合，

---

[*] 本章部分内容刊载于徐烁然、易明《构建市场导向的绿色技术创新体系》，《人民日报》（理论版）2018年8月2日；王朝、易明、汪再奇《以创新驱动推进绿色发展》，《中国社会科学报》2018年11月17日。

实现高质量的绿色创新，更是一项系统工程。因此，推动长江经济带经济社会发展的效率变革，进而实现高质量的绿色创新必须坚持系统谋划，构建"四梁八柱"，完善基础支撑要素，从顶层设计出发进一步优化战略布局，实现从推进长江经济带发展到深入推进长江经济带发展再到高质量地推进长江经济带可持续发展的转变。其中，最为关键的是要着力构建市场导向的绿色技术创新体系。

绿色技术创新是引领绿色发展的第一动力，是新时代深入推进生态文明建设的重要着力点。长期以来，绿色技术领域关键核心技术受制于人、原创性和颠覆性技术相对不足、市场激励不够等问题导致我国绿色技术创新难以满足社会需求的水平和人民日益增长的美好生活需要，有效的市场和有为的政府因而至关重要。为此，党的十九大报告指出，要"构建市场导向的绿色技术创新体系"。习近平总书记在中国科学院第十九次院士大会、中国工程院第十四次院士大会上也指出，"要发挥市场对技术研发方向、路线选择、要素价格、各类创新要素配置的导向作用，让市场真正在创新资源配置中起决定性作用"，这为我们正确处理政府和市场之间的关系，充分发挥市场导向作用，构建要素完备、目标明确、功能齐全、运行有效的绿色技术创新体系指明了努力方向，提供了重要遵循。

第一，强化绿色技术创新体系顶层设计。绿色技术创新是一项复杂的技术和市场过程，需要强化顶层设计和系统谋划。一是定目标，紧紧围绕绿色发展和创新驱动的总体目标要求，研究制定科技创新驱动绿色发展的核心指标，既要绿色 GDP 也要创新驱动 GDP，以资源节约型、环境友好型新产品的技术标准制定和经济统计为基础，探索研究科技创新驱动绿色发展 GDP 的基本内涵和统计体系。二是抓关键，以绿色技术创新的市场需求为导向，明确创新主体、创新基础、创新资源和创新环境四大领域的重点任务，打造末端治理技术、清洁生产技术、绿色产品设计技术等不同类型的绿色技术创新体系，促进企业、产业和区域三个不同层次的绿色技术创新子系统有效运行。三是强保障，充分认识并厘清制约绿色技术创新的关键问题，在体制改革、载体建设、制度安排、政策完善等方面构建高质量的全面支撑体系，力求新的突破。

第二,夯实绿色技术创新条件平台基础。科技条件平台是以促进科技成果转移转化、培育高新技术企业和战略性新兴产业为目标,服务大众创业、万众创新的重要载体,是绿色技术创新的资源保障系统,在绿色技术创新过程中发挥着重要的先导性和基础性作用。需要围绕绿色制造技术创新及产业化示范应用,以突破节能关键技术装备、提升环保重大技术装备、开发资源综合利用适用技术装备为重点,支持打造一批创新型孵化器、众创空间、科技型孵化器、加速器和产业基地,不断完善绿色技术转移和投融资服务体系,建立健全"绿色技术研发—绿色科技成果转化+绿色金融"的全链条条件平台。

第三,完善绿色技术创新体系运行机制。机制创新对于发挥市场导向作用,优化配置绿色技术创新资源,确保绿色技术创新体系持续有效运行至关重要。一是完善市场化激励机制,主要包括由市场决定的绿色技术研发和路线选择以及产品服务开发激励机制、绿色技术"政产学研金介用"协同创新机制、绿色技术应用激励机制、绿色技术采纳风险规避机制等;二是完善市场化约束机制,主要是绿色消费的倒逼机制、同业竞争机制、专利保障机制、定期评估及反馈机制等;三是完善市场交易机制,例如,绿色技术、产品和服务的价格形成机制、国际化市场化专业化的绿色科技成果转移转化机制等。

第四,健全绿色技术创新政策支撑体系。当前,完善绿色技术创新政策支撑体系的重点是以推进绿色技术创新政策体制机制改革为重点,研究制定一系列引导、激励和保障绿色技术创新政策的政策工具,例如,支持绿色技术研发和成果推广应用的财税政策和科技政策、鼓励绿色投资绿色生产和产业绿色转型升级的土地政策和产业政策、绿色金融政策、绿色消费政策、绿色价格政策、绿色进出口政策等。在政策工具创新的过程中需要切实推进科技、环保等部门的政策协同,注意管控型政策和市场型政策的协调,同时兼顾区域差异性,提高绿色技术创新政策质量。

总之,市场导向的绿色技术创新体系是在绿色技术领域,以市场主体、市场规则、市场体系、市场机制为基础,以促进绿色技术的创造、扩散和应用为目的的相关要素组成的特定网络系统,它聚焦社会主要矛盾变化,以推进生产、生活方式绿色化为"靶心",依靠市场力量，追求经济、社会、生态环境效益的全面提高，具有前瞻性、战略性、基础性、系统性和市场可及性的特点。构建市场导向的绿色技术创新体系，既要立足国情，也应坚持全球视野、全链条谋划、分层分类立体布局，通过健全市场导向机制并灵活运用组合政策工具，强化绿色技术创新供给和能力体系支撑。

二 坚持绿色发展，提高生态效率

第一，加快转变经济发展方式。促进产业升级，严格控制高能耗、高污染企业的数量和规模，限期整改，对未能达标的企业强制关停，坚决淘汰落后产能；大力发展第三产业，提高服务业在国民经济中的比重。加快所有制改革，适当控制国有经济规模，通过鼓励发展市场经济，依靠市场机制实现资源的最优配置。促进技术创新，通过加大清洁技术资金投入及研发力度，加快创新步伐，提高自主创新能力；推进政产学研创新合作模式，提高清洁技术的应用能力；完善中介信息服务体系，为技术创新提供精准的咨询服务。第二，大力推进生态型城镇化。将生态文明理念深度融入城镇化建设进程，着力协调人口、资源与环境之间的关系。综合考虑资源、环境、市场等多方因素，将城乡建设与生态环境管理相结合，科学规划城镇化建设。依据"减量化、再利用、资源化"原则指导城镇化建设，实现生产、流动以及消费等环节的生态发展。第三，充分发挥环境规制作用。将环境保护纳入政府官员政绩考核机制中，实行环境一票否决制以及终身追责制，建立绿色政绩考核机制。适当提高排污费惩罚标准，将环境成本体现在产品生产中。完善排污权交易市场，运用价格机制将污染物的排放总量控制在预期规模内。第四，加强交流合作，有效化解区域绿色发展的不平衡。针对浙江、江苏、上海和重庆生态效率较高的地区，引导它们的先进技术、高端人才等要素向生态效率较低的上游和中游省市流动、扩散，发挥经济发达省市和直辖市对周边省市的辐射带动作用。针对长江经济带上游、中游地区，发挥生态效率较低省市的主观能动性，借助后发优势积极承接下游产业转移过程中的绿色清洁产业、战略性新兴产业，为提高生态效率创造有利的条件。

三 坚持开放协同，提高绿色全要素生产率

第一，增强长江经济带开放式协同创新能力。促进长江经济带高等教育协同发展，着力减少地区间的"教育鸿沟"，促进教育与科技紧密结合，增加高端人力资本储备，培养战略科技人才队伍；加大财政科技投入力度，建立完善多层次资本市场，健全科技金融支撑体系，不断创新科技金融产品和服务；建立完善以企业为主体、以市场为导向、"政产学研金介用"协同的区域创新体系，推进创新链、产业链、资金链、人才链、政策链"五链融合"；全面提高对外开放水平，提升外资利用质量，切实改善长江经济带战略性新兴产业在全球价值链的分工地位。第二，推进长江经济带区域绿色均衡协调共享发展。根据不同区域的经济社会发展实际和生态资源环境状况，抓好绿色发展顶层设计和整体谋划，制定完善中长期绿色发展战略，特别是绿色全要素生产率小于 1 的省市更应注意从战略高度协调经济发展与环境保护的关系，努力实现二者的"双赢"；着力打破区域间要素流动壁垒，推进长江经济带市场一体化，促进绿色技术、绿色资本、高端科技人才等关键生产要素在区域间的自由流动；总结提炼绿色全要素生产率较高省市或区域在建立经济—资源—环境耦合系统、推进跨区域污染治理或协同创新等方面的绿色发展实践经验，适时推广到其他省市或地区。

四 坚持创新引领，提高科技金融结合效率

提高科技金融结合效率的关键在于不断创新科技金融产品服务模式和管理体制机制。一是针对重庆、四川、湖南、江西、浙江等技术进步指数较低的地区，进一步推动科技创新活动开展，积极引进和吸收海内外先进前沿技术，加强科技经费投入力度与科研设施平台建

设,提高科技水平;二是针对湖南、上海等纯技术效率较低的地区,合理优化资源分配方式,促进专业化分工,提高资源利用效率,解决"投入冗余、产出不足"的突出矛盾,尤其对于上海地区,积极借鉴国外科技金融发展经验,创新科技金融发展模式,打造立足中国、展望国际的科技金融创新平台;三是加快完善和健全金融市场,创建集融资、信贷、保险、创投等各类产品与服务于一体的完整金融产业链条,加快发展"数字金融""电子金融"等金融服务新领域;四是进一步扩大科技发展规模,定期开展人才考核、选拔、培训工作,培养符合新时期建设需要与发展水平的高素质创新人才;五是充分发挥政府职能,规范科技金融市场运行秩序,加强市场监管与评价反馈机制,保障科技金融结合效率的持续、稳定提升。

五 坚持统筹协调,提高流域绿色创新效率

对推进长江经济带区域协调发展进行考察,研究结果显示,11个省市之间、上中下游之间的建设进程还存在较大的差异,因此,在区域政策的设计上不能"一刀切",要兼顾效率与公平,进一步建立完善区域协调机制。同时,也要避免出现相对落后地区向相对发达地区追赶的"习得性困境"——越追赶越落后,建议研究鼓励和支持长江经济带相对落后地区稳增长快转型高质量发展的专门政策,特别是在土地集约节约利用、环境容量、跨区域生态补偿等方面要制定差异化政策。第一,对于上海、江苏、浙江这类绿色创新发展较好的下游流域,应该强化与中游流域的合作,打破区域绿色创新溢出的市场与体制壁垒,扩大绿色创新的辐射范围和带动力度。对于重庆、贵州、云南这类绿色创新基础较好的上游流域,坚持环境优势与市场优势并行,在绿色理念下提高创新发展能力。对于中游流域,积极借鉴下游流域的绿色发展经验,切实提升经济绿色发展质量。第二,有效发挥政府职能,提升发展红利,实现经济效益、社会效益和环境效益多赢。因此,必须将环境规制政策落到实处,引导各市场主体主动承担绿色发展责任,杜绝政府官员在排污管理上的"寻租"行为,将区域

环境质量作为官员政绩考核的重要部分，严格惩处企业"偷排"、避税行为。第三，完善和规范技术市场，创新和改革技术交易方式。充分利用互联网、大数据、电子商务等现代信息技术，降低创新门槛和创新成本，加快创新成果转化，加大有利于绿色发展的创新成果转化的扶持力度，形成良好的社会创新氛围。第四，提高绿色创新效率离不开对外开放，扩宽融资渠道，理性引入高质量、低污染产业，加快推动创新人才资源引进及整合，促进创新资源的自由流动和创新成果的交流。

六　坚持转型升级，提高城市绿色创新效率

第一，优化长江经济带沿线城市绿色创新资源配置，转变依靠城市规模和经济投入扩张的绿色创新模式，加强技术研发和技术引进吸收，提升资源利用的管理水平，实现绿色创新资源的集约高效利用，在资源和环境约束趋紧形势下注重绿色创新的绩效。第二，推进招商引资与绿色创新有机结合，因地制宜地制定长江经济带绿色创新发展战略，将下游地区作为学习标杆，重点提升中、上游地区的绿色创新效率，加强招商引资工作，设置发达国家产业转移的准入门槛，避免因承接发达国家污染密集型产业而沦为"污染天堂"。第三，鼓励支持绿色创新技术研发，逐步将环境指标纳入地方官员考评体系，避免晋升锦标赛下地区的技术研发活动忽视绿色可持续发展。政府科技支出应以绿色发展为导向，坚持宏观把控，通过相应的政策法规将具有负外部性的污染行为成本内部化。营造激励绿色创新的市场竞争环境，激发市场绿色创新的活力，突出企业在绿色创新活动中的主体地位和主导作用，增强政府科学技术支出的市场引导作用和放大效应。第四，优化长江经济带沿线城市产业结构，使传统产业走绿色可持续的发展道路，大力发展绿色产业，推进高新技术产业和绿色环保产业的发展，促进可再生能源在能源市场中的渗透率。第五，加强沿线城市间绿色创新合作，充分利用技术外溢缩小中上游和下游绿色创新效率的差距，促进绿色创新投入要素在长江经济带沿线城市间自由有序

流动，既发挥各城市的比较优势，又通过协同发展提升长江经济带沿线城市的绿色创新能力和综合竞争力。

七　坚持高端跃迁，提高产业绿色创新效率

第一，加强绿色技术协同创新企业主体培育。企业、高等院校和科研院所在绿色技术创新链条的不同环节上有着不同的功能定位。一是强化企业绿色技术创新主体地位。支持企业加大资源节约型环境友好型技术创新投入、专利申请和技术成果转化应用，鼓励大中型企业和有条件的民营企业建立或联合设立绿色技术研发机构，加大对企业开展前沿性绿色技术创新研究、建立绿色技术中试基地的支持力度，推进智能制造、绿色制造和服务型制造的加速融合，引导企业提高制造过程效率，以更小的能耗和更低的污染实现更多的价值。二是充分发挥高校院所的绿色技术知识创新作用。积极引导高校院所调整学科结构和专业设置，鼓励高校院所促进跨学科专业交叉融合，发展循环经济与产业生态学、能源与低碳技术等领域的前沿学科，支持高校院所与企业采取联合开发、利益共享、风险共担的模式，攻克一批新兴绿色产业的基础技术、前沿技术和关键共性技术，加快成果转化和工程示范。

第二，着力提升产业绿色创新能力。当前长江经济带产业发展普遍存在大而不强、自主创新能力弱、自主创新成果和产品推广应用困难等问题，特别是在全球价值链重构的大背景下，提高产业在全球价值链的分工地位，推进产业迈向中高端就显得尤为重要。而提升产业绿色创新能力是推进产业高端跃迁的重要途径之一。一是加快传统产业转型升级。鼓励企业加大技术改造投入，大力发展智能制造和高端制造，推进信息化与工业化的深度融合，促进"互联网＋"与制造业的融合，加快发展数字车间、数字工厂、物联网工厂，支持制造业与现代服务业的融合，发展一批特色优势产业和战略性新兴产业，在长江经济带培育若干世界级产业集群。二是大力发展绿色制造。按照《中国制造2025》的要求，加强节能环保技术、工艺、装备推广应

用，全面推行清洁生产，大力发展循环经济，提高资源回收利用效率，构建绿色制造体系。三是推进园区循环化改造。按照循环经济的"3R"原则，加快推进产业园区内和园区之间循环经济产业链的构建，推进企业清洁生产制度的建立，打造绿色供应链，加强绿色生产监管，实现近"零排放"。

第三，加快建立健全绿色金融体系。绿色金融是指金融部门将生态环境保护作为开展金融产品和服务创新的重要考量因素，在投融资决策过程中充分考虑由此可能带来的生态环境影响效应，并在评估投融资产品、服务和业务风险的过程中充分评估生态环境风险以及由此造成的成本，同时在金融经营活动中对有利于生态环境保护的项目给予适当的倾斜和激励，提高金融支持生态环境保护的作用。可以说，在国家明确要求正确处理经济发展与生态环境保护关系的背景下，绿色金融既是服务实体经济、防控金融风险和深化金融改革的重要抓手，也是全面提高生态建设和环境保护质量的重要途径。总体而言，当前我国绿色金融发展面临绿色金融产品开发不足、可持续发展能力不高、绿色投融资资金不足等问题。2016年，中国人民银行、财政部等七部委联合发布了《关于构建绿色金融体系的指导意见》。结合该意见的具体目标任务，还应重点加快推动绿色金融产品和服务创新，鼓励银行、投资机构开发多元化的投融资工具，如绿色投贷联动、绿色资产证券化、绿色金融租赁等；重点建立完善绿色金融标准体系和统计监测体系，做好国内标准与国际标准的对接；在政策层面上出台组合政策工具，对银行开展绿色金融给予必要的激励或约束。

参考文献

白俊红、蒋伏心：《考虑环境因素的区域创新效率研究——基于三阶段 DEA 方法》，《财贸经济》2011 年第 10 期。

白俊红、江可申、李婧：《应用随机前沿模型评测中国区域研发创新效率》，《管理世界》2009 年第 10 期。

白俊红、江可申、李婧：《中国区域创新系统创新效率综合评价及分析》，《管理评论》2009 年第 9 期。

毕克新、王禹涵、杨朝均：《创新资源投入对绿色创新系统绿色创新能力的影响——基于制造业 FDI 流入视角的实证研究》，《中国软科学》2014 年第 3 期。

毕克新、杨朝均、黄平：《中国绿色工艺创新绩效的地区差异及影响因素研究》，《中国工业经济》2013 年第 10 期。

毕克新、杨朝均、隋俊：《跨国公司技术转移对绿色创新绩效影响效果评价——基于制造业绿色创新系统的实证研究》，《中国软科学》2015 年第 11 期。

曹颢、尤建新、卢锐等：《我国科技金融发展指数实证研究》，《中国管理科学》2011 年第 3 期。

曹霞、于娟：《绿色低碳视角下中国区域创新效率研究》，《中国人口·资源与环境》2015 年第 5 期。

陈敏、李建民：《金融中介对我国区域科技创新效率的影响研究——基于随机前沿的距离函数模型》，《中国科技论坛》2012 年第 11 期。

陈巍巍、张雷、马铁虎、刘秋岭：《关于三阶段 DEA 模型的几点研究》，《系统工程》2014 年第 9 期。

陈修颖：《长江经济带空间结构演化及重组》，《地理学报》2007 年第

12 期。

陈真玲:《生态效率、城镇化与空间溢出——基于空间面板杜宾模型的研究》,《管理评论》2016 年第 11 期。

戴文文、高建福:《中国上市银行效率的实证研究——基于 DEA 三阶段模型分析》,《价值工程》2009 年第 10 期。

戴志敏、郑万腾、杨斌斌:《科技金融效率多尺度视角下的区域差异分析》,《科学学研究》2017 年第 9 期。

房汉廷:《关于科技金融理论、实践与政策的思考》,《中国科技论坛》2010 年第 11 期。

冯志军:《中国工业企业绿色创新效率研究》,《中国科技论坛》2013 年第 2 期。

付保宗:《长江经济带产业绿色发展形势与对策》,《宏观经济管理》2017 年第 1 期。

付帼、卢小丽、武春友:《中国省域绿色创新空间格局演化研究》,《中国软科学》2016 年第 7 期。

龚新蜀、李梦洁、张洪振:《OFDI 是否提升了中国的工业绿色创新效率——基于集聚经济效应的实证研究》,《国际贸易问题》2017 年第 11 期。

韩晶:《中国区域绿色创新效率研究》,《财经问题研究》2012 年第 11 期。

韩孺眉、刘艳春:《我国工业企业绿色技术创新效率评价研究》,《技术经济与管理研究》2017 年第 5 期。

何枫、祝丽云、马栋栋等:《中国钢铁企业绿色技术效率研究》,《中国工业经济》2015 年第 7 期。

何宜庆、陈林心、周小刚:《长江经济带生态效率提升的空间计量分析——基于金融集聚和产业结构优化的视角》,《生态经济》2016 年第 1 期。

黄薇:《环境、风险与企业技术效率:基于改进型三阶段 DEA 模型》,《系统工程理论与实践》2012 年第 1 期。

华振:《中国绿色创新绩效研究——与东北三省的比较分析》,《技术经济》2011 年第 7 期。

孔晓妮、邓峰:《中国各省区绿色创新效率评价及其提升路径研究——基于影响因素的分析》,《新疆大学学报》(哲学·人文社会科学版)2015年第4期。

李斌、彭星、欧阳铭珂:《环境规制、绿色全要素生产率与中国工业发展方式转变——基于36个工业行业数据的实证研究》,《中国工业经济》2013年第4期。

李春艳、文传浩:《长江经济带合作共赢的理论与实践探索——"长江经济带高峰论坛"学术研讨会观点综述》,《中国工业经济》2015年第2期。

李华旭、孔凡斌、陈胜东:《长江经济带沿江地区绿色发展水平评价及其影响因素分析——基于沿江11省(市)2010—2014年的相关统计数据》,《湖北社会科学》2017年第8期。

李婧、管莉花:《区域创新效率的空间集聚及其地区差异——来自中国的实证》,《管理评论》2014年第8期。

李平:《环境技术效率、绿色生产率与可持续发展:长三角与珠三角城市群的比较》,《数量经济技术经济研究》2017年第11期。

刘伟:《考虑环境因素的高新技术产业技术创新效率分析——基于2000—2007年和2008—2014年两个时段的比较》,《科研管理》2016年第11期。

刘伟、李星星:《中国高新技术产业技术创新效率的区域差异分析——基于三阶段DEA模型与Bootstrap方法》,《财经问题研究》2013年第8期。

刘章生、宋德勇、弓媛媛等:《中国制造业绿色技术创新能力的行业差异与影响因素分析》,《情报杂志》2017年第1期。

李婉红:《中国省域工业绿色技术创新产出的时空演化及影响因素:基于30个省域数据的实证研究》,《管理工程学报》2017年第2期。

李小帆、邓宏兵:《长江经济带新型城镇化协调性的空间差异与时空演化》,《长江流域资源与环境》2016年第5期。

李晓阳、赵宏磊、林恬竹:《中国工业的绿色创新效率》,《首都经济贸易大学学报》2018年第3期。

李习保：《中国区域创新能力变迁的实证分析：基于创新系统的观点》，《管理世界》2007年第12期。

李艳军、华民：《中国城市经济的绿色效率及其影响因素研究》，《城市与环境研究》2014年第2期。

陆大道：《建设经济带是经济发展布局的最佳选择——长江经济带经济发展的巨大潜力》，《地理科学》2014年第7期。

卢丽文、宋德勇、黄璨：《长江经济带城市绿色全要素生产率测度——以长江经济带的108个城市为例》，《城市问题》2017年第1期。

罗登跃：《三阶段DEA模型管理无效率估计注记》，《统计研究》2012年第4期。

罗良文、梁圣蓉：《中国区域工业企业绿色技术创新效率及因素分解》，《中国人口·资源与环境》2016年第9期。

罗艳、陈平：《环境规制对中国工业绿色创新效率改善的门槛效应研究》，《东北大学学报》（社会科学版）2018年第2期。

陆远权、张德钢：《我国区域金融效率测度及效率差异研究》，《经济地理》2012年第1期。

陆玉麒、董平：《新时期推进长江经济带发展的三大新思路》，《地理研究》2017年第4期。

牛彤、彭树远、牛冲槐等：《基于SBM-DEA四阶段方法的山西省工业企业绿色创新效率研究》，《科技管理研究》2015年第10期。

庞瑞芝、王亮：《服务业发展是绿色的吗？——基于服务业环境全要素效率分析》，《产业经济研究》2016年第4期。

钱丽、王文平、肖仁桥：《共享投入关联视角下中国区域工业企业绿色创新效率差异研究》，《中国人口·资源与环境》2018年第5期。

钱丽、肖仁桥、陈忠卫：《我国工业企业绿色技术创新效率及其区域差异研究——基于共同前沿理论和DEA模型》，《经济理论与经济管理》2015年第1期。

任耀、牛冲槐、牛彤等：《绿色创新效率的理论模型与实证研究》，《管理世界》2014年第7期。

任耀、牛冲槐、牛彤、姚西龙：《绿色创新效率的理论模型与实证研究》，《管理世界》2014年第7期。

单豪杰：《中国资本存量K的再估算：1952—2006年》，《数量经济技术经济研究》2008年第10期。

沈玉芳：《长江经济带投资、发展与合作》，华东师范大学出版社2003年版。

史修松、赵曙东、吴福象：《中国区域创新效率及其空间差异研究》，《数量经济技术经济研究》2009年第3期。

宋马林、王舒鸿：《环境规制、技术进步与经济增长》，《经济研究》2013年第3期。

孙瑾、刘文革、周钰迪：《中国对外开放、产业结构与绿色经济增长——基于省际面板数据的实证检验》，《管理世界》2014年第6期。

孙尚清：《关于建设长江经济带的若干基本构思》，《管理世界》1994年第1期。

孙晓华、郭旭、王昀：《政府补贴、所有权性质与企业研发决策》，《管理科学学报》2017年第6期。

汤维祺、吴力波、钱浩祺：《从"污染天堂"到绿色增长——区域间高耗能产业转移的调控机制研究》，《经济研究》2016年第6期。

王兵、吴延瑞、颜鹏飞：《中国区域环境效率与环境全要素生产率增长》，《经济研究》2010年第5期。

王锋正、郭晓川：《环境规制强度对资源型产业绿色技术创新的影响——基于2003—2011年面板数据的实证检验》，《中国人口·资源与环境》2015年第S1期。

王惠、苗壮、王树乔：《空间溢出、产业集聚效应与工业绿色创新效率》，《中国科技论坛》2015年第12期。

汪克亮、孟祥瑞、杨宝臣、程云鹤：《基于环境压力的长江经济带工业生态效率研究》，《资源科学》2015年第7期。

王磊、翟博文：《长江经济带交通基础设施对经济增长的影响》，《长江流域资源与环境》2018年第1期。

王志平、陶长琪、沈鹏熠：《基于生态足迹的区域绿色技术效率及其影响因素研究》,《中国人口·资源与环境》2014 年第 1 期。

吴超、杨树旺、唐鹏程等:《中国重污染行业绿色创新效率提升模式构建》,《中国人口·资源与环境》2018 年第 5 期。

吴传清、董旭:《环境约束下长江经济带全要素能源效率的时空分异研究——基于超效率 DEA 模型和 ML 指数法》,《长江流域资源与环境》2015 年第 10 期。

吴传清、董旭:《环境约束下长江经济带全要素能源效率研究》,《中国软科学》2016 年第 3 期。

肖文、林高榜:《政府支持、研发管理与技术创新效率——基于中国工业行业的实证分析》,《管理世界》2014 年第 4 期。

徐保昌、谢建国:《排污征费如何影响企业生产率:来自中国制造业企业的证据》,《世界经济》2016 年第 8 期。

薛晔、蔺琦珠、高晓艳:《中国科技金融发展效率测算及影响因素分析》,《科技进步与对策》2017 年第 7 期。

杨斌:《2000—2006 年中国区域生态效率研究——基于 DEA 方法的实证分析》,《经济地理》2009 年第 7 期。

杨桂山、徐昔保、李平星:《长江经济带绿色生态廊道建设研究》,《地理科学进展》2015 年第 11 期。

颜莉:《我国区域创新效率评价指标体系实证研究》,《管理世界》2012 年第 5 期。

姚西龙、牛冲槐、刘佳:《创新驱动、绿色发展与我国工业经济的转型效率研究》,《中国科技论坛》2015 年第 1 期。

叶莉、王亚丽、孟祥生:《中国科技金融创新支持效率研究——基于企业层面的理论分析与实证检验》,《南开经济研究》2015 年第 6 期。

易明、程晓曼:《长江经济带城市绿色创新效率时空分异及其影响因素》,《城市问题》2018 年第 8 期。

余泳泽、刘大勇:《创新价值链视角下的我国区域创新效率提升路径研究》,《科研管理》2014 年第 5 期。

余泳泽、刘大勇:《我国区域创新效率的空间外溢效应与价值链外溢效应——创新价值链视角下的多维空间面板模型研究》,《管理世界》2013 年第 7 期。

曾刚：《长江经济带协同发展的基础与谋略》，经济科学出版社 2014 年版。

张钢、张小军：《绿色创新研究的几个基本问题》，《中国科技论坛》2013 年第 4 期。

张江雪、蔡宁、杨陈：《环境规制对中国工业绿色增长指数的影响》，《中国人口·资源与环境》2015 年第 1 期。

张江雪、朱磊：《基于绿色增长的我国各地区工业企业技术创新效率研究》，《数量经济技术经济研究》2012 年第 2 期。

张军、章元：《对中国资本存量 K 的再估计》，《经济研究》2003 年第 7 期。

章思诗、李姚矿：《基于 DEA – Tobit 模型的科技金融效率影响因素研究》，《科技管理研究》2017 年第 6 期。

张逸昕、林秀梅：《中国省际绿色创新效率与系统协调度双演化研究》，《当代经济研究》2015 年第 3 期。

赵桂芹、吴洪：《中国保险业 SBM 效率实证分析——基于修正的三阶段 DEA 模型》，《金融经济学研究》2010 年第 6 期。

赵增耀、章小波、沈能：《区域协同创新效率的多维溢出效应》，《中国工业经济》2015 年第 1 期。

中华人民共和国国家统计局：《2017 中国统计年鉴》，中国统计出版社 2017 年版。

周冯琦、陈宁：《优化长江经济带化学工业布局的建议》，《环境保护》2016 年第 15 期。

周黎安：《中国地方官员的晋升锦标赛模式研究》，《经济研究》2007 年第 7 期。

朱道才、任以胜、徐慧敏、陆林：《长江经济带空间溢出效应时空分异》，《经济地理》2016 年第 6 期。

朱有为、徐康宁：《中国高技术产业研发效率的实证研究》，《中国工业经济》2006 年第 11 期。

邹琳、曾刚、曹贤忠、陈思雨：《长江经济带的经济联系网络空间特征分析》，《经济地理》2015 年第 6 期。

Antonio, L., et al., "Green Innovation, Indeed a Cornerstone in Linking Market Requests and Business Performance: Evidence from the Spanish Automotive Components Industry", *Technological Forecasting & Social Change*, 2017, 7 (21): 1 – 9.

Arabi, B., Susila, M., Ali, E., et al., "Power Industry Restructuring and Eco – Efficiency Changes: A New Slacks – Based Model in Malmquist – Luenbergerindex Measurement", *Energy Policy*, 2014, 68 (2): 132 – 145.

Arouri, M. E. H., Caporale, G. M., Rault, C., et al., "Environmental Regulation and Competitiveness: Evidence from Romania", *Ecological Economics*, 2010, (81): 130 – 139.

Arque – Castells, P., "How Venture Capitalists Spur Invention in Spain: Evidence from Patent Trajectories", *Research Policy*, 2012, 41 (5): 897 – 912.

Banker, R. D., Charnes, A., Cooper, W. W., "Some Models for Estimating Technical and Scale Inefficiencies in Data Envelopment Analysis", *Management Science*, 1984, 30 (9): 1078 – 1092.

Berg, S. A., Jansen, E. S., "Malmquist Indices of Productivity Growth during the Deregulation of Norwegian Banking, 1980 – 89", *Scandinavian Journal of Economics*, 1992, (94): 211 – 228.

Bi, G. B., Song, W., Zhou, P., et al., "Does Environmental Regulation Affect Energy Efficiency in China's Thermal Power Generation? Empirical Evidence from a Slacks – Based DEA Model", *Energy Policy*, 2014, (66): 537 – 546.

Bilsel, M., Davutyan, N., "Hospital Efficiency with Risk Adjusted Mortality as Undesirable Output: The Turkish Case", *Annals of Operations Research*, 2014, 221 (1): 73 – 88.

Bruce, R. D., William, L. W., "Does Environmental Protection Lead to Slower Productivity Growth in the Chemical Industry?", *Environmental & Resource Economics*, 2004, 28 (3): 301 – 324.

Brunnermeier, S. B., Cohen, M. A., "Determinants of Environmental

Innovation in US Manufacturing Industries", *Journal of Environmental Economics & Management*, 2003, 45 (2): 278 – 293.

Ang, B. W., Liu, F. L., "A New Energy Decomposition Method: Perfect in Decomposition and Consistent in Aggregation", *Energy*, 2001, 26 (6): 537 – 548.

Charnes, A., Cooper, W. W., Rhodes, E., "Measuring the Efficiency of Decision Making Units", *European Journal of Operational Research*, 1979, 2 (6): 429 – 444.

Cheng, C. C. J., Yang, C. L., Sheu, C., "The Link between Eco – Innovation and Business Performance: A Taiwanese Industry Context", *Journal of Cleaner Production*, 2014, 64 (2): 81 – 90.

Chen, L. T., Zhang, Q., Sun, J. S., "Mechanism of Enterprise Green Innovation Process under Institutional Void and Fragility: A Multi – Case Study", *Journal of Advanced Management Science*, 2017, 5 (4): 306 – 312.

Chen, Y. S., Lai, S. B., Wen, C. T., "The Influence of Green Innovation Performance on Corporate Advantage in Taiwan", *Journal of Business Ethics*, 2006, 67 (4): 331 – 339.

Choi, Y., Zhang, N., Chen, S. C., et al., "Quantitative Ecological Risk Analysis by Evaluating China's Eco – Efficiency and Its Determinants", *Human and Ecological Risk Assessment: An International Journal*, 2013, 19 (5): 1324 – 1337.

Chung, Y. H., Färe, R., Grosskopf, S., "Productivity and Undesirable Outputs: A Directional Distance Function Approach", *Microeconomics*, 1997, 51 (3): 229 – 240.

Coelli, T., Lauwers, L., Huylenbroeck, G. V., "Environmental Efficiency Measurement and the Materials Balance Condition", *Journal of Productivity Analysis*, 2007, 28 (1/2): 3 – 12.

Cooper, W. W., Park, K. S., Pastor, J. T. R. A. M., "A Range Adjusted Measure of Inefficiency for Use with Additive Models, and Relations to Other Models and Measures in DEA", *Journal of Productivity*

Analysis, 1999, 11 (1): 5–42.

Costantini, V., Crespi, F., Martini, C., Pennacchio, L., "Demand–Pull and Technology–Push Public Support for Eco–Innovation: The Case of the Biofuels Sector", *Research Policy*, 2015, 44 (3): 577–595.

Dettori, B., Marrocu, E., Paci, R., "Total Factor Productivity, Intangible Assets and Spatial Dependence in the European Regions", *Regional Studies*, 2012, 46 (10): 1401–1416.

Driessen, P. H., Hillebrand, B., Kok, R. A. W., et al., "Green New Product Development: The Pivotal Role of Product Greenness", *IEEE Transactions on Engineering Management*, 2013, 60 (2): 315–326.

Emrouznejad, A., Parker, B. R., Tavares, G., "Evaluation of Research in Efficiency and Productivity: A Survey and Analysis of the First 30 Years of Scholarly Literature in DEA", *Socio–Economic Planning Sciences*, 2008, 42 (3): 151–157.

Färe, R., Grosskopf, S., Lovell, C. A. K., et al., "Multilateral Productivity Comparisons When Some Outputs are Undesirable: A Nonparametric Approach", *Review of Economics & Statistics*, 1989, 71 (1): 90–98.

Färe, R., Grosskopf, S., "Directional Distance Functions and Slacks–Based Measures of Efficiency", *European Journal of Operational Research*, 2010, 200 (1): 320–322.

Färe, R., Grosskopf, S., Pasurka Jr, C. A., "Environmental Production Functions and Environmental Directional Distance Functions", *Energy*, 2007, 32 (7): 1055–1066.

Färe, R., Shawna, G., Daniel, T., "An Activity Analysis Model of the Environmental Performance of Firms–Application to Fossil–Fuel–Fired Electric Utilities", *Ecological Economics*, 1996, 18 (2): 161–175.

Fan, Y., Bai, B., Qiao, Q., et al., "Study on Eco–Efficiency of Industrial Parks in China Based on Data Envelopment Analysis", *Journal of Environmental Management*, 2017, 192 (5): 107–115.

Farrell, M. J., "The Measurement of Productive Efficiency", *Journal of the Royal Statistical Society*, 1957, 120 (3): 253-290.

Feichtinger, G., Lambertini, L., Leitmann, G., et al., "R&D for Green Technologies in a Dynamic Oligopoly: Schumpeter, Arrow and Inverted-U's", *European Journal of Operational Research*, 2016, 249 (3): 1131-1138.

Frame, W. S., White, L. J., "Technological Change, Financial Innovation, and Diffusion in Banking", *Social Science Electronic Publishing*, 2009, (10): 32-39.

Fried, H. O., Lovell, C. A. K., Schmidt, S. S., et al., "Accounting for Environmental Effects and Statistical Noise in Data Envelopment Analysis", *Journal of Productivity Analysis*, 2002, 17 (1): 157-174.

Fried, H. O., Schmidt, S. S., Yaisawarng, S., "Incorporating the Operating Environment into a Nonparametric Measure of Technical Efficiency", *Journal of Productivity Analysis*, 1999, 12 (3): 249-267.

Fritsch, M., Viktor, S., "Determinants of the Efficiency of Regional Innovation Systems", *Regional Studies*, 2011, 45 (7): 905-918.

Fujii, H., Managi, S., "Determinants of Eco-Efficiency in the Chinese Industrial Sector", *Journal of Environmental Sciences*, 2013, 25 (S1): S20-S26.

Giannetti, C., "Relationship Lending and Firm Innovativeness", *Journal of Empirical Finance*, 2012, 19 (5): 762-781.

Godoy-Durán, á., Galdeano-Gómez, E., Pérez-Mesa, J. C., et al., "Assessing Eco-Efficiency and the Determinants of Horticultural Family-Farming in Southeast Spain", *Journal of Environmental Management*, 2017, 204 (12): 594-604.

Griliches, Z., "Issues in Assessing the Contribution of Research and Development to Productivity Growth", *Bell Journal of Economics*, 1979, 10 (1): 92-116.

Han, M., Nijhuis, S., "Delta Urbanism: Planning and Design in Urbanized Deltas – Comparing the Dutch Delta with the Mississippi River Delta", *Journal of Urbanism International Research on Placemaking & Urban Sustainability*, 2013, 6 (2): 160 – 191.

Horbach, J., Rammer, C., Rennings, K., "Determinants of Eco – Innovations by Type of Environmental Impact: The Role of Regulatory Push/Pull, Technology Push and Market Pull", *Ecological Economics*, 2012, (78): 112 – 122.

Hsu, P., X. Tian, Y. Xu, "Financial Development and Innovation Cross – Country Evidence", *Journal of Financial Economics*, 2014, 112 (1): 46 – 52.

Huang, J., Yang, X., Cheng, G., et al., "A Comprehensive Eco – Efficiency Model and Dynamics of Regional Eco – Efficiency in China", *Journal of Cleaner Production*, 2014, 67 (3): 228 – 238.

Jaffe, A. B., Palmer, K., "Environmental Regulation and Innovation: A Panel Data Study", *Review of Economics & Statistics*, 1997, 79 (4): 610 – 619.

Jaffe, A. B., "Real Effects of Academic Research", *American Economic Review*, 1989, 79 (5): 957 – 970.

Jahanshahloo, G. R., Lotfi, F. H., Shoja, N., et al., "Undesirable Inputs and Outputs in DEA Models", *Applied Mathematics & Computation*, 2005, 169 (2): 917 – 925.

Kern, F., "Engaging with the Politics, Agency and Structures in the Technological Innovation Systems Approach", *Environmental Innovation and Societal Transitions*, 2015, 16: 67 – 69.

Keuschning, C., "Venture Capital Backed Growth", *Journal of Economic Growth*, 2004, 9 (2): 239 – 261.

Khoshroo, A., Mulwa, R., Emrouznejad, A., et al., "A Non – Parametric Data Envelopment Analysis Approach for Improving Energy Efficiency of Grape Production", *Energy*, 2013, 63 (1): 189 – 194.

Kim, S., Lee, H., Kim, J., "Divergent Effects of External Financing on Technology Innovation Activity: Korean Evidence", *Technological Forecasting & Social Change*, 2016, (106): 22 – 30.

Klemann, H. A. M., Schenk, J., "Competition in the Rhine Delta: Waterways, Railways and Ports, 1870 – 1913", *Economic History Review*, 2013, 66 (3): 826 – 847.

Korhonen, J., Snäkin, J. P., "Quantifying the Relationship of Resilience and Eco – Efficiency in Complex Adaptive Energy Systems", *Ecological Economics*, 2015, 120 (12): 83 – 92.

Korhonen, P. J., Luptacik, M., "Eco – Efficiency Analysis of Power Plants: An Extension of Data Envelopment Analysis", *European Journal of Operational Research*, 2004, 154 (2): 437 – 446.

Leibenstein, H., "Allocative Efficiency vs. 'X – Efficiency'", *American Economic Review*, 1966, 56 (3): 392 – 415.

Liu, G., "Evaluating the Regional Green Innovation Efficiency in China: A DEA – Malmquist Productivity Index Approach", *Applied Mechanics and Materials*, 2015, (733): 355 – 362.

Liu, J., Zhang, J., Fu, Z., "Tourism Eco – Efficiency of Chinese Coastal Cities – Analysis Based on the DEA – Tobit Model", *Ocean & Coastal Management*, 2017, 148 (11): 164 – 170.

Li, Z., Ouyang, X., Du, K., et al., "Does Government Transparency Contribute to Improved Eco – Efficiency Performance? An Empirical Study of 262 Cities in China", *Energy Policy*, 2017, 110 (11): 79 – 89.

Long, X., Sun, M., Cheng, F., et al., "Convergence Analysis of Eco – Efficiency of China's Cement Manufacturers through Unit Root Test of Panel Data", *Energy*, 2017, 134 (9): 709 – 717.

Lozano, S., Gutiérrez, E., Moreno, P., "Network DEA Approach to Airports Performance Assessment Considering Undesirable Outputs", *Applied Mathematical Modelling*, 2013, 37 (4): 1665 – 1676.

Lund, H., Hvelplund, F., "The Economic Crisis and Sustainable Development: The Design of Job Creation Strategies by Use of Concrete Institutional Economics", *Energy*, 2012, 43 (1): 192 – 200.

Azad, M. A. S., Ancev, T., "Measuring Environmental Efficiency of Agricultural Water Use: A Luenberger Environmental Indicator", *Journal of Environmental Management*, 2014, (145): 314 – 320.

Macaneiro, M. B., Cunha, S. K. D., "Contextual Factors as Drivers of Eco – Innovation Strategies", in *Eco – Innovation and the Development of Business Models*, Springer International Publishing, 2014.

Maulina, S., Sulaiman, N. M. N., Mahmood, N. Z., "Enhancement of Eco – Efficiency through Life Cycle Assessment in Crumb Rubber Processing", *Procedia – Social and Behavioral Sciences*, 2015, 195 (7): 2475 – 2484.

Moschetti, M. P., Luco, N., Frankel, A. D., et al., "Integrate Urban – Scale Seismic Hazard Analyses with the U. S. National Seismic Hazard Model", *Seismological Research Letters*, 2018, 89 (3): 967 – 970.

Munisamy, S., Behrouz, A., "Eco – Efficiency Change in Power Plants: Using a Slacks – Based Measure for the Meta – Frontier Malmquist – Luenberger Productivity Index", *Journal of Cleaner Production*, 2015, 105: 218 – 232.

Murty, S., Russell, R. R., Levkoff, S. B., "On Modeling Pollution – Generating Technologies", *Journal of Environmental Economics & Management*, 2012, 64 (1): 117 – 135.

Peng, H., Zhang, J., Lu, L., et al., "Eco – Efficiency and Its Determinants at a Tourism Destination: A Case Study of Huangshan National Park, China", *Tourism Management*, 2017, 60 (6): 201 – 211.

Peng, Z., Poh, K. L., Ang, B. W., "A Non – Radial DEA Approach to Measuring Environmental Performance", *European Journal of Operational Research*, 2007, 178 (1): 1 – 9.

Pethig, R., "Non – Linear Production, Abatement, Pollution and Materials Balance Reconsidered", *Journal of Environmental Economics & Management*, 2006, 51 (2): 185 – 204.

Qi, G. Y., Shen, L. Y., Zeng, S. X., et al., "The Drivers for Contractors' Green Innovation: An Industry Perspective", *Journal of Cleaner Production*, 2010, 18 (14): 1358-1365.

Rashidi, K., Shabani, A., Saen, R. F., "Using Data Envelopment Analysis for Estimating Energy Saving and Undesirable Output Abatement: A Case Study in the Organization for Economic Cooperation and Development (OECD) Countries", *Journal of Cleaner Production*, 2015, 105 (10): 241-252.

Rasi, K., Ester, M. R., "Towards Green Growth: How Does Green Innovation Affect Employment?", *Research Policy*, 2016, (6): 1218-1232.

Reinhard, S., Lovell, C. A. K., Thijssen, G. J., "Environmental Efficiency with Multiple Environmentally Detrimental Variables: Estimated with SFA and DEA", *European Journal of Operational Research*, 2000, 121 (2): 287-303.

Rennings, K., "Redefining Innovation – Eco – Innovation Research and the Contribution from Ecological Economics", *Ecological Economics*, 2004, 32 (2): 319-332.

Ren, S., Li, X., Yuan, B., et al., "The Effects of Three Types of Environmental Regulation on Eco – Efficiency: A Cross – Region Analysis in China", *Journal of Cleaner Production*, 2018, 173 (2): 245-255.

Robaina – Alves, M., Moutinho, V., Macedo, P., "A New Frontier Approach to Model the Eco – Efficiency in European Countries", *Journal of Cleaner Production*, 2015, 103 (9): 562-573.

Seiford, L. M., "Data Envelopment Analysis: The Evolution of the State of the Art (1978-1995)", *Journal of Productivity Analysis*, 1996, 7 (2-3): 99-137.

Sharma, S., Henriques, I., "Stakeholder Influences on Sustainability Practices in the Canadian Forest Products Industry", *Strategic Management Journal*, 2005, 26 (2): 159-180.

Strasburg, V. J., Jahno, V. D., "Application of Eco – Efficiency in the Assessment of Raw Materials Consumed by University Restaurants in Brazil: A Case Study", *Journal of Cleaner Production*, 2017, 161

(9): 178-187.

Sueyoshi, T., Goto, M., "DEA Approach for Unified Efficiency Measurement: Assessment of Japanese Fossil Fuel Power Generation", *Energy Economics*, 2011, 33 (2): 292-303.

Sueyoshi, T., Goto, M., "Environmental Assessment by DEA Radial Measurement: U. S. Coal - Fired Power Plants in ISO (Independent System Operator) and RTO (Regional Transmission Organization)", *Energy Economics*, 2012, 34 (3): 663-676.

Tian, Y., Sun, C., "Comprehensive Carrying Capacity, Economic Growth and the Sustainable Development of Urban Areas: A Case Study of the Yangtze River Economic Belt", *Journal of Cleaner Production*, 2018, (195): 486-496.

Tone, K., "A Slacks - Based Measure of Efficiency in Data Envelopment Analysis", *European Journal of Operational Research*, 2001, 130 (3): 498-509.

Tone, K., "A Slacks - Based Measure of Super - Efficiency in Data Envelopment Analysis", *European Journal of Operational Research*, 2002, 143 (1): 32-41.

Tone, K., "Dealing with Undesirable Outputs in DEA: A Slacks - Based Measure (SBM) Approach", National Graduate Institute for Policy Studies, 2003.

Tone, K., Tsutsui, M., "Network DEA: A Slacks - Based Measure Approach", *European Journal of Operational Research*, 2009, 197 (1): 243-252.

Triguero, A., Moreno - Mondéjar, L., Davia, M. A., "Drivers of Different Types of Eco - Innovation in European SMEs", *Ecological Economics*, 2013, (92): 25-33.

Turok, I., "Limits to the Mega - City Region: Conflicting Local and Regional Needs", *Regional Studies*, 2009, 43 (6): 845-862.

Vencheh, A. H., Matin, R. K., Kajani, M. T., *Undesirable Factors in Efficiency Measurement*, Elsevier Science Inc., 2005.

Wallsten, S. J. , "The Effects of Government – Industry R&D Programs on Private R&D: The Case of the Small Business Innovation Research Program", *RAND Journal of Economics*, 2000, 31 (1): 82 – 100.

Wang, W. , Jiang, D. , Chen, D. , et al. , "A Material Flow Analysis (MFA) – Based Potential Analysis of Eco – Efficiency Indicators of China's Cement and Cement – Based Materials Industry", *Journal of Cleaner Production*, 2016, 112 (1): 787 – 796.

Wang, Y. , Yan, W. , Ma, D. , et al. , "Carbon Emissions and Optimal Scale of China's Manufacturing Agglomeration under Heterogeneous Environmental Regulation", *Journal of Cleaner Production*, 2018, (176): 140 – 150.

Wei, Y. M. , Liao, H. , Fan, Y. , "An Empirical Analysis of Energy Efficiency in China's Iron and Steel Sector", *Energy*, 2007, 32 (12): 2262 – 2270.

World Business Council for Sustainable Development (WBCSD), *Eco – Efficient Leadership for Improved Economic and Environmental Performance*, 1996.

Huang, X. , Hu, D. , Zhou, Z. , "Measuring Efficiency in Chinese Commercial Banks Using a DEA Model with Undesirable Output", *International Journal of Information & Decision Sciences*, 2013, 5 (2): 140 – 153.

Xu, X. , Yang, G. , Tan, Y. , et al. , "Ecosystem Services Trade – Offs and Determinants in China's Yangtze River Economic Belt from 2000 to 2015", *Science of the Total Environment*, 2018, (634): 1601.

Yang, L. , Tang, K. , Wang, Z. , et al. , "Regional Eco – Efficiency and Pollutants' Marginal Abatement Costs in China: A Parametric Approach", *Journal of Cleaner Production*, 2017, 167 (11): 619 – 629.

Yu, C. , Shi, L. , Wang, Y. , et al. , "The Eco – Efficiency of Pulp and Paper Industry in China: An Assessment Based on Slacks – Based Measure and Malmquist – Luenberger Index", *Journal of Cleaner Pro-*

duction, 2016, 127 (7): 511 –521.

Zhang, J., Liu, Y., Chang, Y., et al., "Industrial Eco – Efficiency in China: A Provincial Quantification Using Three – Stage Data Envelopment Analysis", *Journal of Cleaner Production*, 2017, 143 (2): 238 –249.

Zhou, G., Chung, W., Zhang, X., "A Study of Carbon Dioxide Emissions Performance of China's Transport Sector", *Energy*, 2013, 50 (1): 302 –314.